Inleiding: Die krag van belegging

Vir regsdoeleindes kan Alan John nie die sukses van die uitdrukkings en voorstelle van die inhoud waarborg nie, asook die akkuraatheid daarvan waarborg. Daarbenewens, in die mate wat die wet dit toelaat, sal Alan John nie verantwoordelik wees vir enige verliese en / of skade as gevolg van die gebruik van die inligting in hierdie boek, e-boek of enige reproduksie in enige vorm nie. Alle beelde is oorspronklike eiendom van die outeur of kopieregvry soos deur beeldbronne aangedui. Name van maatskappye en mense weerspieël nie noodwendig werklike name of titels nie. Deur verder as hierdie bladsy te lees en enigiets wat in hierdie boek aanbeveel word, in werking te stel, stem jy hiermee in tot hierdie vrywaring en stem jy in tot die bepalings daarvan.

Kopiereg © 2024 deur Alan W. John

Alle regte voorbehou. Hierdie boek of dele daarvan mag nie in enige vorm gereproduseer word, in enige herwinningstelsel gestoor word of op enige manier in enige vorm oorgedra word nie - elektronies, meganies, fotokopie, opname of andersins - sonder vooraf skriftelike toestemming van die uitgewer, behalwe vir die gebruik van kort aanhalings onder die Amerikaanse kopieregwet. Vir toestemmingsversoeke, kontak outreach@audepublishing.com

Inleiding: Die krag van belegging

Aude-uitgewery

Die moderne gids vir belegging in aandelemarkte vir tieners

Hoe om 'n lewe van finansiële vryheid te verseker deur die krag van belegging

Inleiding: Die krag van belegging

Op die oomblik, terwyl jy dit lees, gee jy jouself 'n voordeel. Om te leer hoe om in die aandelemark te belê, sowel as om te leer oor die verwante vaardighede van geldbestuur en finansiële geletterdheid, is werklik waardevol. Die kennis in hierdie boek kan jou finansiële horison verander, asook jou blootstel aan talle geleenthede wat andersins nie geniet sou word nie. Dit begin alles hier. Gaan sit, gryp 'n happie en lees verder.

Belegging in alle vorme is 'n goeie manier om geld te verdien en om die saad te plant tot 'n finansieel veilige toekoms. As tiener sal die vaardighede en gewoontes wat u ontwikkel lewenslank duur, en dit is instrumenteel dat u hierdie vaardighede en gewoontes so gou as moontlik ontwikkel. Ek het hierdie boek geskryf omdat belegging as tiener (yup, ek ook) nog altyd 'n bron van passie was, om nie eens te praat van die finansiële voordele nie. Ongeag jou ouderdom, maak nie saak hoeveel geld tot jou beskikking is nie, jy kan belê as jy kies, en ek hoop dat hierdie gids jou sal help om dit net te doen en dit suksesvol te doen. Hierdie boek is bedoel om u voor te berei om sukses op die aandelemark te behaal, met die omvattende missie om die finansiële vryheid van sy lesers te verseker. Gedurende die volgende ses afdelings leer jy hoe om geld te verdien en te spaar (met die doel om daardie geld te belê), hoe om 'n werklike rekening oop te maak om te begin handel dryf en hoe om al die terme, kaarte en statistieke rondom aandele te verstaan. Aan die einde sien u 'n paar werklike ambagte wat 'n voorbeeld is van die lesse en teorieë wat in hierdie boek bespreek word, asook by sommige van die suksesvolste handelaars in die geskiedenis. Die meeste mense word nie op u ouderdom aan hierdie inligting blootgestel nie, dus wees versigtig daarmee. Behandel dit versigtig en verstaan die belangrikheid daarvan. Die belangrikste is om dit te gebruik. Dit is werklik kragtig en kan jou lewe verander as jy die tyd en die werk insit.

Laat ons sonder meer in Deel 1 spring.

Deel 1: Voordele

Ons moet sommige van die voordele ondersoek wat kom as gevolg van belegging op 'n vroeë ouderdom om die grondslag te lê om nie net te verstaan hoe om dit te doen nie, maar hoekom ons dit doen. As u 'n tiener is met ouers teen u belegging, of andersom, wys hierdie afdeling aan die opponerende party. Later in die boek leer u hoe u die nodige vaardighede kan ontwikkel sonder risiko en geen belegging nie, en dit is 'n uitstekende opsie as u bekommerd is oor die risiko.

Belegging op 'n vroeë ouderdom lewer twee kategorieë voordele op: die kennis en ervaring wat voortspruit uit belegging en die finansiële voordele wat uit jare se wins en saamgestelde rente kan kom. Ons sal eers die vaardighede ondersoek wat belegging sal bou.

In 'n video deur die entrepreneur en uitvoerende hoof, Sam Ovens, genaamd *How Billionaires Think: Decoding the Billionaire Mind*, bevraagteken hy wat suksesvolle mense van enige veld anders maak as hul nie-as-suksesvolle eweknieë deur hierdie paradoksale situasie:[1] As 'n sake-idee of strategie aan 100 mense gegee word sonder vooraf kennis van die inligting, lewer die resultate 'n wye verspreiding. Waarom kan sommige mense inligting neem en iets suksesvols skep, en ander val plat op hul gesigte? Sukses, in enige vorm, kom uiteindelik op die verstand neer. Die ontwikkeling van die regte geestelike

---

1   Ons sal sukses definieer as die vermoë om 'n mens se doelwitte te bereik.

Dissipline, beheer en vaardighede is instrumenteel in die vorming van 'n jongmens se toekoms. Belegging sal nie net langtermyn toereikendheid in belegging ontwikkel nie (wat lei tot groter welvaart oor 'n leeftyd), maar ook beter emosionele beheer, geldbestuursvaardighede en 'n volwassenheid wat met verantwoordelikheid gepaard gaan. Om jonk te belê lei tot finansiële geletterdheid, wat weer op alle gebiede van geldbestuur help. Die lees van aandelekaarte en die ontleding van maatskappye sal tweede natuur word, en as dit reg gedoen word, winsgewend. Die gevolge van eksponensiële groei en saamgestelde rente kan ingespan word om 'n massiewe neseier en konsekwente inkomste tydens aftrede te skep, asook om die behoefte aan 'n tyd gelyk aan geldverhouding te verminder. Trouens, geld se vermoë om eksponensieel te groei is een van die belangrikste redes om jonk te begin belê, indien nie die belangrikste nie. Hierdie idee, waarna verwys word as "saamgestelde groei" of "saamgestelde rente"

Deel 2: Aan die gang

moet aan jonger geslagte geleer word, want hoe jonger 'n persoon is, hoe groter effek kan samestelling van beleggings hê.

Eenvoudig gesê, geld, wanneer dit belê word, skep 'n sneeubaleffek en geld in slim beleggings neem mettertyd eksponensieel toe. Dink aan die feit dat 'n pennie elke dag vir 'n maand verdubbel het, die moeite werd word $ 10,737,418,24.[1] Eksponensiële groei in die werklike lewe berus op dieselfde basiese beginsel; In meer realistiese terme, dink so daaraan: as jy sestien is en jy belê een dollar in die aandelemark, sal daardie dollar die moeite werd wees (gebaseer op die gemiddelde aandelemarkopbrengste oor die afgelope dekade) 'n verstommende

---

$ 88 teen die tyd dat die gemiddelde persoon op die ouderdom van 62 aftree.[2] In werklikheid sal 'n dollar ongeveer elke 7 jaar verdubbel ($ 2 werd wees in die aandelemark). As jy so daarna kyk, is dit noodsaaklik om so gou as moontlik te begin belê, want elke dollar wat as tiener belê word, is nie eintlik 'n dollar werd in sy uiteindelike gebruik vir jou nie, maar eerder veel meer. Dit gesê, jy moet steeds veilig wees met jou geld en saamgestelde rente sal nie

---

[1] Aanvaar 'n maand van 30 dae.
[2] Gebaseer op 'n 2018-opname wat deur Gallup gedoen is.

werk as geld verkwis word nie. Belegging, in enige vorm, is nooit 'n vinnige skema nie. Die proses kan geoutomatiseer en uitgekontrakteer word, maar werk is altyd nodig. Hieronder is 'n grafiek wat die hoeveelheid geld vertoon wat u sou verdien teen 'n histories gemiddelde groeikoers van 10% (die gemiddelde oor die vorige eeu vir die S&P 500) deur te belê in aandele met $ 100 (jaar 0 is $ 100).

Jaar 1	$ 110
Jaar 2	$ 121
Jaar 3	$ 133
Jaar 4	$ 146
Jaar 5	$ 161
Jaar 10	$ 261
Jaar 20	$ 673
Jaar 30	$ 1,745
Jaar 35	$ 2,810
Jaar 40	$ 4,526
Jaar 45	$ 7,289
Jaar 50	$ 11,739
Jaar 100	$ 1,378,061

Terwyl u begin, kan idees soos saamgestelde rente vaag klink, en die proses kan intimiderend klink. Met saamgestelde rente, (sowel as belegging in die algemeen) word die winste eksponensieel groter; Daarom word die minste winste in die eerste paar jaar gemaak, wees dus geduldig. Boonop kan die sterkte van die ekonomie jou resultate geweldig beïnvloed. Ten spyte van die oënskynlik negatiewe impak, dwing hierdie faktore jou om 'n gedissiplineerde roete na belegging te volg. U moet langtermyn dink, 'n baie waardevolle hulpmiddel. U sal moet leer om die begeerte om te koop en te verkoop op grond van emosie te beheer en die emosionele drein wat veroorsaak word deur die op- en afdraandes van aandele te weerstaan. Leer om vrees te beheer en opsies te evalueer, bou selfbeheersing wat van toepassing is op alle lewensterreine, van skool tot 'n loopbaan tot belegging.

Ten spyte van die praatjies van werk, kan en behoort belegging pret te wees. Jy kan jou eie geld maak. Jy kan in 'n klaskamer sit, 'n toets aflê en ryker uitstap as toe jy ingestap het. Jy het beheer oor jou finansies en het die geleentheid om massiewe welvaart te bou. Maak seker dat jy dit so lekker as moontlik hou terwyl jy steeds 'n gedissiplineerde benadering volg sodat jy die lang lewe van jou portefeulje lewendig kan hou.

Nou verstaan ons sommige van die voordele van belegging op 'n vroeë ouderdom. Hopelik is jy afgedank en gereed om te begin. Dit is perfek, want ons beweeg na Deel II: Aan die gang.

Deel 2: Aan die gang

Noudat u die voordele van belegging vanaf 'n vroeë ouderdom verstaan en (dit is nodig) u die steun van 'n voog het, is dit tyd om te leer hoe om as tiener te begin handel dryf. Voordat u werklik begin en handel dryf, moet verskeie voorsorgmaatreëls geneem word om die risiko om geld te verloor te verminder en die nodige opleiding te bied om nie op die harde manier te leer nie.

Voordat u by enige beleggingsplatform aanmeld of 'n sent spandeer, moet u die belangrikste stap van #1 verstaan om aan die gang te kom en suksesvol te bly terwyl u handel dryf. Daardie stap is om te leer. Op hierdie stadium in jou lewe het jy tyd. Jy hoef nie nou in te spring nie. Dit is baie beter om ten minste 'n paar weke of langer te neem om soveel as moontlik oor belegging te leer. Kyk na boeke uit die biblioteek ('n hulpbronafdeling met aanbevole boeke sal ingesluit word), kyk tutoriale en lees nuus oor die mark. Kyk na die beleggingsprogramme *Mad Money* en *Squawk on the Street*. Kenners soos Jim Cramer beveel beleggers aan om een uur per week te spandeer om elke aandeel te ondersoek wat hulle besit of wil belê, so deurlopende leer is 'n lewenslange proses vir selfs die beste beleggers. Maak boonop seker dat u later in hierdie boek 'n

Deel 2: Aan die gang

ordentlike begrip het van die afdeling vir geletterdheid op die aandelemark. As u soveel as moontlik leer, sal u geld bespaar en 'n belangrike rol speel in die keuse van goeie aandele en geld verdien.

Die volgende stap wat in werking gestel moet word, hetsy gedurende u leerperiode of daarna, is om 'n virtuele portefeulje te open. Virtuele portefeuljes is portefeuljes waarmee u virtuele geld in regte aandele teen reële markwaardes kan belê. Die webwerf wat ek gebruik, word HTMW genoem. HTMW, wat staan vir How The Market Works, bied eerste keer gebruikers óf $ 500,000 óf $ 1,000,000 virtuele dollars en laat beleggings in duisende intydse aandele toe. HTMW bied ook kompetisies aan waar die beste handelaars regte geld kan wen deur die beste opbrengste in hul virtuele portefeuljes te hê. U kan hulle op htmw.com besoek. Deur virtuele geld in regte aandele te belê, kan u leer oor die mark en hoe om goeie aandele te kies sonder die risiko van regte geld. Die meeste mense belê en dink hulle is slimmer as ander mense (ek is geen uitsondering nie), en dat hulle geld sal verdien en beter aandele sal kies as almal. Die bestuur van 'n virtuele portefeulje kan 'n opvallende ervaring wees, sowel as om u in staat te stel om die navorsings- en beleggingsprosesse te oefen. Wenk: As u 'n virtuele rekening open, probeer om nie al u geld in die eerste week te belê nie (ek praat uit ervaring). Wees strategies en wag vir groot geleenthede in plaas van goeies.

Maak 'n rekening oop

Sodra jy soveel geleer het as wat jy kan en jy verstaan die basiese beginsels van belegging en pluk van aandele, is dit tyd om 'n werklike beleggingsrekening oop te maak sodat jy werklik kan begin handel dryf. Die opening van 'n rekening is moeiliker vir minderjariges as volwassenes en benodig die hulp van 'n voog. Rekeninge vir minderjariges word bewaringsrekeninge genoem. Hierdie rekeninge laat die minderjarige toe om wettig te handel (in plaas daarvan om net onder die ouer se naam te handel) en het verskeie voordele. Bewaringsrekeninge word teen 'n laer koers belas, selfs 0% op baie van die aanvanklike winste, in plaas van die gewone volwasse tariewe (dit wissel van geval.) Bewaringsrekeninge dra outomaties eienaarskap aan die minderjarige oor sodra hulle 'n sekere ouderdom bereik, hetsy 18 of 21. Baie platforms bied bewaringsrekeninge aan en in hierdie afdeling sal die voor- en nadele van die beste programme bespreek word.

Deel 2: Aan die gang

E *HANDEL - etrade.com

E * TRADE is een van die oudste aanlyn makelaars, met 'n lang geskiedenis wat strek van 1982 tot die hede. E * TRADE is die platform waarmee ek begin het en tans gebruik, en bied onderlinge fondse, aandele en opsies vir $ 0 kommissies saam met 'n volledige reeks navorsings- en ontledersinstrumente. Bewaringsgebruikers kry hul eie aanmelding.

Charles Schwab - schwab.com

Charles Schwab is een van die grootste beleggingsfirmas ter wêreld en bied $ 0 kommissiehandel saam met 'n wye verskeidenheid navorsingsinstrumente. Hulle bied bewaringsrekeninge aan wat dieselfde aanmelding as 'n bestaande voog se rekening gebruik. Dit gesê, as u voog hierdie diens gebruik en nie wil hê dat u bewus moet wees van hul finansiële situasie nie (as hulle aanvaar dat hulle ook Charles Schwab gebruik), is hierdie platform nie vir u nie. As dit nie op u van toepassing is nie, is Charles Schwab een van die beste alledaagse opsies.

Voorraad - Stockpile.com

Voorraad is 'n beleggingsplatform wat spesifiek vir kinders en tieners ontwerp is. Dit bied bewaringsrekeninge op 'n eenvoudige en jeugvriendelike koppelvlak waarin gebruikers fraksionele aandele in groot ondernemings kan koop. Ongelukkig bied Stockpile slegs 1000 of so van die grootste Amerikaanse maatskappye in plaas van die volle mark, en fooie is 99 sent per handel. Voorraad het inleidende lesse oor belegging en laat toe dat voorraad "wenslyste" gestuur word. In die algemeen is dit 'n ordentlike opsie vir iemand wat op soek is na 'n vereenvoudigde opsie. 'N Byna identiese platform is Loved at loved.com

TD Ameritrade - tdameritrade.com

TD Ameritrade is 'n platform wat ontwerp is vir gebruikers met ervaring en bied toegang tot sommige van die beste navorsingsinstrumente op die mark. Bewaringsrekeninge neem $ 0 kommissies en bied bewaringsrekeninge aan met die fokus op spaar vir die universiteit.

Deel 2: Aan die gang

Getrouheid - fidelity.com

Fidelity se platform bied 'n volledige reeks navorsingsinstrumente saam met beskikbare beleggingsanalise van kundiges op die gebied. Fidelity bied bewaringsrekeninge met $ 0 kommissies, geen fooie en geen minimum saldo nie. Oor die algemeen is Fidelity 'n algehele ordentlike keuse vir aktiewe beleggers.

Voorhoede - vanguard.com

Vanguard is een van die grootste makelaarsdienste ter wêreld en bied bewaringsrekeninge met $ 0 kommissies en geen fooie nie. Vanguard se fokus en spesialiteit is onderlinge fondse en ETF's, wat die platform beter geskik maak vir langtermyn- en dividendbeleggers.

Maak jou eerste belegging

Op hierdie stadium moes u besluit het met watter platform u wil belê. Met u ouer se hulp kan u die proses begin om 'n rekening oop te maak. U is gereed om regte geld in die regte mark te belê en om dit te kan doen, benodig u self geld. Probeer om ten minste 'n paar honderd dollar in te samel om te begin, maar baie belangriker probeer om konsekwent geld by te voeg. Onthou die les oor saamgestelde rente in die voordele-afdeling, en hou in gedagte dat elke dollar wat u vandag belê, in die toekoms eksponensieel meer werd sal wees. Om u te help as u ekstra geld soek om te belê, kom ons gaan oor 5 van die beste maniere om geld as tiener te verdien, waarvoor ek persoonlik kan instaan.

U vra uself miskien af: Waarom so baie praat van geld verdien en binnekort geld bespaar, terwyl dit 'n boek is oor belegging? Wel, geld en aandelemarkbelegging is verweef. Om sukses op die aandelemark te verseker, begin met die maak en bestuur van geld. Daarbenewens is geldmaak en geldbestuursvaardighede belangrik om lewenslange finansiële vryheid te verseker. Laat ons sonder meer geld verdien!

Verdien geld as tiener: die top 5 besighede

Verdien geld #1: Herverkoop

Geen tienerbesigheidsgids sal volledig wees sonder om weer te verkoop nie. As my persoonlike gunsteling het ek gevind dat herverkoop die maklikste manier is om geld te verdien, begin met geen geld of baie min geld nie. Ek het jare lank $ 500- $ 1000 per maand (verkoop, nie winsgewend nie) verkoop. Buiten die geld, vind ek herverkoop 'n aangename onderneming omdat die proses en produkte uiteenlopend is. Kom ons kyk na wat herverkoop is, die kuns van die flip, hoe u vandag met $ 0 kan begin, en 'n opsie vir diegene wat hul besigheid vinnig wil skaal.

Herverkoop is basies om dinge te koop en te verkoop vir meer as wat jy betaal het. Met die internet kan u byna alles verkoop, sowel as honderde miljoene verbruikers bereik, almal vanaf 'n rekenaar of mobiele toestel.

Om weer te verkoop, moet u eers items vind wat later vir 'n wins verkoop kan word. Dit is die beste om by u gemeenskap te koop, want plaaslike verkopers is gewoonlik nie gefokus op hul wins nie; in plaas daarvan word klem gelê op die ontslae te raak van alles wat hulle verkoop. (Dink aan 'n besige ma wat in die lente probeer skoonmaak.) Om plaaslik te koop, kyk na die volgende programme:

- Langsaan – nextdoor.com
- OfferUp – offerup.com
- 5miles – 5miles.com
- Craigslist – craigslist.com
- Mercari – mercari.com

Gesamentlik bied hierdie programme 'n uiters deeglike databasis van alles wat in u gemeenskap verkoop word. As jy met $0 begin, bly waaksaam vir randsteenwaarskuwings of vir enigiets wat gratis weggegee word. Nextdoor, volgens my ervaring, is die beste plek om dit te doen. Terwyl jy op die toepassings is, maak seker dat jy op die uitkyk is vir motorhuisverkope en boedelverkope sowel as

Deel 2: Aan die gang

verkope van individuele items. Nog 'n wonderlike plek om voorraad te vind, is in tweedehandse winkels. Welwillendheid, Heilsleër en plaaslike tweedehandse winkels kan goeie plekke wees om onderprysde items te koop.

As u nie seker is wat sal verkoop en wat nie, gaan na eBay. Soek na 'n item (of gebruik die prentsoekfunksie), gaan dan na filters en stel "Verkoopte items" in. Dit sal nie wys waarvoor 'n item gelys word nie, maar die prys wat mense histories bereid is om daarvoor te betaal. Kontroleer dan die datum van die verkoopte items. U wil items koop wat konsekwent verkoop; mik vir een per dag. Dit sal verseker dat daar genoeg markvraag is om aan jou aanbod te voldoen.

Met al die bogenoemde hulpbronne behoort dit nie 'n probleem te wees om voorraad te verkoop nie. Die volgende deel van die herverkoopproses is om te verkoop. Daar is twee maniere om te verkoop: vanlyn en aanlyn. Om aanlyn te verkoop, soos via eBay, is ideaal vir nisitems wat slegs by 'n klein groepie mense aanklank vind. Aangesien daardie mense waarskynlik nie naby jou geleë sal wees nie, bied aanlynwebwerwe 'n goeie manier om daardie kliënte te bereik. eBay en enige soortgelyke webwerwe neem egter ongeveer 20% besnoeiing (sodra PayPal fooie ingegooi is) van die noteringswaarde. Alhoewel gebruikers onder 18 nie wettiglik eBay (of PayPal) kan gebruik nie, laat eBay gebruikers onder 18 'n volwassene se rekening gebruik met die toestemming van die rekeninghouer. Om vanlyn te verkoop, deur middel van die programme hierbo genoem, is beter omdat dit die wins met 20% verhoog in vergelyking met aanlynverkope en tyd bespaar wat andersins aan verpakking en versendingskassies bestee word. Om vanlyn te verkoop is beter vir items wat by 'n groot gehoor aanklank vind en waarskynlik in u gemeenskap sal verkoop.

Noteer op eBay

Hier is 'n paar vinnige wenke om u eBay-lyste vinniger te laat verkoop.

1. Optimaliseer die titel, ondertitel en beskrywing

In die titel, vertoon die naam van u item duidelik sowel as een of twee hoogtepunte, soos 'Splinternuut' of 'Oorspronklike verpakking'. Gebruik die subtitel om op 'n hoogtepunt uit te brei. Gebruik die beskrywing om die item deeglik te verduidelik en maak seker dat u enige skade sowel as enige positiewe kenmerke noem. Ek hou altyd daarvan om die beskrywing af te sluit met 'n variasie van die volgende sin: "Laat weet my asseblief as jy enige vrae of bekommernisse het. Dankie!" Skryf dan jou naam.

Deur dit te doen, sal persoonlikheid bygevoeg word en die koper help om aan te sluit by die item wat hy koop, wat die waarskynlikheid van 'n verkoop verhoog en die waarskynlikheid om 'n positiewe resensie te ontvang.

2. Prys

90% van my lyste gebruik Koop Nou in plaas van Veilings. Maak seker dat u nooit veilings gebruik nie, tensy die item wat u verkoop baie gewild is en u seker is dat 'n bodoorlog sal plaasvind. Wat die prys betref, maak seker dat u die laagste (binne rede) prys het vir nisitems met kleiner gehore, en vir items met 'n groot aanvraag wat verskeie eenhede per dag verkoop, bepaal die prys ongeveer die gemiddelde. As u 'n item het wat nie verkoop nie, oorweeg dit om dit via eBay te bevorder. U sal slegs gehef word as die item deur die promosie gekoop word en die pryse billik is. Maak seker dat u maklike pryse aanskakel, wat die noteringsprys elke 5 dae outomaties met 5% sal verlaag totdat 'n item verkoop.

3. Prente

As u item splinternuut of ongebruik is (oorspronklike verpakking is nie nodig om dit te doen nie), gebruik voorraadfoto's van die vervaardiger. Indien nie, neem u eie foto's en maak seker dat u goeie beligting prioritiseer.

Die probleem met eBay, sowel as die grootste probleem waarmee herverkopers te kampe het, lê in die skaal van die onderneming. Herverkoop, van die vind, lys en versending van items neem tyd, en om 'n herverkooponderneming effektief te laat groei, is harde werk. As oplossing beveel ek aan dat u likwidasie-lotte by liquidation.com koop. Deur palette teruggestuurde items te koop (sonder om te veel in die likwidasiebedryf te kom), kan u basies die koop van items plaaslik kondenseer om tientalle of honderde items aanlyn in 'n enkele aankoop te koop. As jy belangstel, maak seker dat jy jou eie navorsing doen. As dit reg gedoen word, is dit uiters winsgewend en baie makliker om te skaal as alternatiewe.

Dit sluit herverkoop vir tieners af. Dit is werklik 'n wonderlike besigheid wat eers in onlangse tye deur die internet moontlik gemaak is, en sonder twyfel voordeel getrek moet word. Vervolgens gaan alles oor diensondernemings.

Maak geld # 2: Diensondernemings

Diensondernemings is enige besighede wat behels dat 'n diens aan iemand anders gelewer word. As tiener is diensondernemings die

Deel 2: Aan die gang

maklikste manier om vinnig geld te verdien. Algemene diensondernemings vir tieners sluit in die was van motors, oppas, staphonde en huis- / troeteldiersitplekke. Om 'n diensgebaseerde onderneming te begin, benodig u slegs 'n paar basiese voorrade (soos 'n emmer en lappe om motors te was) en die moeiliker deel van die onderneming draai om kliënte te vind. Gebruik eers jou buurt of woonstel as 'n hulpbron. Mense wat jou ken, is baie meer geneig om by jou te koop. Sommige besighede, soos om motors te was, behels eenvoudig om van deur tot deur te gaan. Ander vereis meer vertroue tussen die verskaffer en die kliënt, soos 'n oppasbesigheid of 'n hondestaponderneming. (Wenk van oppasser: Neem die Rooi Kruis-oppasserkursus en word gesertifiseer; ouers is mal daaroor.) Vir daardie besighede, kry die woord uit, begin met 'n paar familielede, vriende of bure, en maak hulle regtig, baie gelukkige kliënte. Solank u uitstekende diens lewer, sal mondeling waarskynlik sorg vir die uitbreiding van u kliëntebasis.

As u dit oorweeg om een van die genoemde diensondernemings te begin, onthou dit: die verhouding kom eerste. Om jou kliënte gelukkig te hou en kwaliteit werk te doen, sal jou besigheid in staat stel om te groei, sowel as die bou van vaardighede en 'n werksetiek wat 'n leeftyd hou. As 'n laaste wenk, onthou dat diensgebaseerde besighede op jou gesentreer is. Maak seker dat jy teenwoordig aantrek, betyds opdaag en respekvol wees. As jy al hierdie dinge doen, sal jy goed op pad wees om goeie geld te maak.

Maak geld #3: Deeltydse werk

Aangesien dit grotendeels selfverduidelikend is en jonger tieners uitsluit, sal ek dit net kortliks bespreek. Om 'n deeltydse werk te kry, is 'n wonderlike geleentheid om 'n konsekwente en betroubare inkomstebron te skep, asook om 'n voorsmakie te kry van 'n tipiese werksdag vir volwassenes. As jy wel werk kry, probeer om iets te doen wat jy geniet, want werk vir tieners (met uitsonderings) is tipies aan die eentonige kant.

Maak geld #4: Vryskut

As u 'n unieke talent of vaardigheid het, is vryskut waarskynlik vir u. As gevolg van dienste wat onlangs bekendgestel is, soos Fiverr en Upwork (fiverr.com en upwork.com), kan u u vaardighede gebruik om baie geld te verdien. Wat ook al jou vaardigheid is, begin goedkoop en verhoog jou pryse namate jou reputasie en aantal resensies groei. Onthou, net soos diensondernemings, het vryskut baie met u te doen, dus maak seker dat u betyds antwoord en die kliënt eerste stel. As u dit doen en 'n betroubare

Deel 2: Aan die gang

aanlynpersoonlikheid bou, kan vryskut 'n wonderlike en prettige manier wees om geld te verdien.

Maak geld # 5: Aanlynondernemings

Sedert die internet ontstaan het (meer so die afgelope jare) het sakegeleenthede wat niks anders as 'n toestel en 'n internetverbinding benodig nie, al hoe meer algemeen geword. As 'n tiener wat waarskynlik grootgeword het rondom moderne tegnologie en natuurlik vaardig word, is dit perfek om 'n aanlynonderneming te begin. Ons bespreek 4 van die top uitsluitlik aanlyn (nie gedeeltelik aanlyn nie, soos herverkoop op eBay) besighede, waarmee ek persoonlik ervaring gehad het. Hou in gedagte dat die volgende net 'n inleiding tot hierdie besighede is, so meer navorsing sal nodig wees as jy belangstel om te begin. Al die volgende ondernemings benodig letterlik $ 0 om te begin, wat hulle ideaal maak vir 'n tiener wat met min kapitaal begin.

Aanlyn besigheid 1: Kindle Direct Publishing (KDP)

Dit sal nie reg wees om nie die aanlyn besigheidslys met KDP te begin nie, want hierdie boek is deur KDP geskep. Kindle Direct Publishing deur Amazon stel enigiemand, enige plek in die wêreld in staat om gratis aan te meld en dokumente op te laai wat dan op

Amazon en Kindle te koop aangebied word. Wanneer iemand die boek koop, druk en stuur Amazon dit vir jou, en dan gaan 'n gedeelte van die lysprys direk na jou bankrekening. Hierdie sakemodel, genaamd druk-op-aanvraag, vereis geen oorhoofse koste en geen belegging nie, wat dit perfek maak vir iemand wat geld wil verdien uit niks of uit 'n klein belegging. Dit is wat hierdie boek in staat gestel het om sessyferverkope in minder as 'n jaar heeltemal deur mond-tot-mond te bereik.

Eenvoudig gesê, die strategie wat ek gebruik, is om 'n onderwerp te neem wat ek goed ken (jy hoef nie 'n wonderlike skrywer te wees om dit te doen nie, alhoewel dit verkies word), en skryf dan 'n kort, maar uiters beskrywende en deeglike nie-fiksieboek oor die onderwerp. Om te begin, maak net 'n Google- of Word-dokument oop en begin skryf oor enigiets waarvan jy uiters kundig is. As jy nie voel jy weet genoeg van 'n onderwerp om daaroor te skryf nie, kies iets waaroor jy passievol is en doen baie navorsing. Sodra jy jou boek geskryf het (wenk: 'n goeie boekvoorkoms het Garamond-lettertipe, grootte 11-lettertipe en 1.15 duimspasiëring), teken aan vir KDP by kdp.com (jy kan inteken met 'n Amazon-rekening) en laai dit op. Gebruik dan professionele sagteware, photopea.com (as 'n gratis alternatief), of Amazon se gratis Cover Creator-sagteware (wat gebruik word tydens die publikasie van 'n boek oor kdp.com) om 'n omslag te ontwerp.

Nawoord, stel net 'n prys en stel jou werk aan die wêreld vry. Natuurlik sal u boek waarskynlik nie magies opblaas nie, maar as u u boek bevorder en / of adverteer, sal u in Amazon begin rangskik en meer verkope kry. As alternatief vir die skryf van 'n boek, kan u professionele skrywers op Fiverr of Upwork betaal om 'n boek vir u te skryf. Weet net dat die spookskrywermetode 'n baie groter belegging sal verg. Oor die algemeen is KDP 'n groot, om nie eens te praat van onversadigde, geleentheid wat benut moet word as u belangstel om te skryf nie.

Aanlyn besigheid 2: Merch Deur Amazon (MBA)
Merch By Amazon is 'n onversadigde aanlynonderneming wat meestal 'n beroep op kunstenaars sowel as kreatiewe mense in die algemeen het. Merch By Amazon gebruik dieselfde konsep as KDP, behalwe met bolyfklere. Basies kan enigiemand ontwerpe oplaai, hul ontwerpe digitaal klere aantrek en dan daardie klere op Amazon lys. Wanneer iemand die klere koop, doen Amazon die drukwerk en versending, en jy kry 'n gedeelte van die geld direk by jou bankrekening afgelewer. Al wat jy nodig het, is wonderlike ontwerpe wat mense sal koop. As jy nie 'n kunstenaar is nie (terloops, as jy daarvan hou om memes te maak, is dit vir jou) neem net die kennis wat jy opgedoen het deur te doen

waaroor jy passievol is, vind uit wat gewild is in daardie ruimte, en vind dan uit hoe om daardie neigings op ontwerpe toe te pas. Sagteware soos Photoshop is optimaal vir ontwerp, maar gratis opsies soos photopea.com is beskikbaar (die belegging van $ 30 per maand vir Photoshop sal waarskynlik binne 'n paar maande vir homself betaal.) Anders as KDP, vereis Merch By Amazon 'n aansoek om in te skryf, en minder as 10% (waarskynlik baie minder as dit) van aansoekers word aanvaar. Amazon beperk die hoeveelheid nuwe skeppers om nie die mark te oorstroom nie, en selfs as u aanvaar word, sal u waarskynlik 6 maande in die digitale 'lyn' moet wag. Met dit gesê, is dit moontlik om in te kom en as dit iets is waarin jy belangstel, maak seker dat jy dit op merch.amazon.com 'n kans gee.

Aanlyn besigheid 3: Geaffilieerde bemarking

Geaffilieerde bemarking is basies die besigheid van maatskappye wat jou betaal om hul produkte te verkoop. As u hul produkte suksesvol aan 'n kliënt verkoop, verdien u 'n kommissie uit wat die kliënt betaal. Laat ons byvoorbeeld sê dat Company X 'n gewigsverlieskursus vir $ 99 verkoop. Jy kan dalk oor die kursus plaas en jou tannie kan dalk inteken met jou skakel. Sodra sy $ 99 aan Company X betaal het, betaal Company X u dan $ 30. Die skoonheid van hierdie stelsel is dat Company X gelukkig is omdat hulle 'n nuwe kliënt gekry het, jy is gelukkig omdat jy betaal is, en jou tannie is gelukkig (hopelik) omdat sy 'n produk of diens gekoop het waarvoor sy lief is. Alhoewel geaffilieerde bemarking deur advertensies geskaal kan word, is dit die beste om dit eenvoudig te hou vir iemand wat pas begin het. Teken eers aan vir Clickbank by clickbank.com. Clickbank sal 'n databasis verskaf van al die geaffilieerde transaksies wat maatskappye tans aanbied. Kies dan 'n produk of diens waarin jy glo en versprei die woord deur jou gemeenskap en op sosiale media. As mense jou skakel gebruik om aan te meld, word jy betaal. Die beste nog, sommige aanbiedinge is vir intekeninge, wat beteken dat u elke maand betaal sal word solank die kliënt ingeteken bly.

Dit is net 'n inleiding, maar die moontlikhede van geaffilieerde bemarking strek veel verder as die voetsoolvlakbemarkingstegnieke wat beskryf word. As dit iets is wat jy geniet, doen jou navorsing, want daar is baie om te leer. Dit sluit aanlynbesigheid 3 af en neem ons na die laaste aanlynonderneming, wat veral laaste is omdat dit die moeilikste op hierdie lys is om op kort termyn waarde te bied, hoewel die langtermynvoordele enorm is.

Aanlyn besigheid 4: Sosiale media

Sosiale media is beslis nie die vinnigste manier om geld te verdien nie en is nie 'n goeie idee as jy binne 'n paar maande geld wil verdien om te belê nie.

Dit verdien die finale plek op hierdie lys, want ek het gevind dat dit die lekkerste uit enige van die ander besighede op hierdie lys is en die langtermyn finansiële waarde kan enorm wees. Daar is soveel maniere om geld te verdien met sosiale media, so om tyd te bespaar, dek ek net die top 3 maniere waarop ek geld verdien met sosiale media.

Die eerste twee maniere om geld met sosiale media te verdien, behels Instagram. Ek het in 2018 met Instagram begin, en vanaf 2021 het ek 'n persoonlike handelsmerk gegroei tot meer as 60,000 volgers, 'n totale netwerk van 100,000+ volgers, en op sommige punte bestuurde rekeninge met 'n totaal van meer as 500,000 volgers, terwyl ek produkte, rekeninge en dienste verkoop. Ek sê dit vir jou om die potensiaal van sosiale media as 'n besigheid uit te wys en as 'n instrument om 'n gehoor te bereik, veral vir diegene wat grootgeword het en vaardig geword het in sosiale media. Om geld met Instagram te verdien, moet u eers 'n groot en toegewyde gehoor hê. Hier is 'n paar vinnige wenke om jou te help om 'n rekening te laat groei:

Groei op Instagram

1. Mites

Eerstens sal ons die grootste Instagram-groeimite moet oopkraak, en dit is die volgende: Dit is maklik. Vandag, in 'n oorversadigde mark gevul met mense wat slimmer, beter lyk, harder werk en meer talentvol as jy, is dit soveel moeiliker om 'n rekening te laat groei as wat mense dink. U kan 'n rekening met honderdduisend volgelinge sien en dink dat hulle net gelukkig was, of 'n video geplaas het wat virale geword het, en hulle het skielik gekom waar hulle is. Agter die skerms het die skepper van daardie rekening egter waarskynlik ure, dag na dag, maand na maand, gewerk om die beste inhoud te vind en dit te optimaliseer. Na my mening is die resultate die moeite werd, maar as u dit nie geniet nie, moet u dit net nie doen nie. Later gaan ons oor 'n strategie om geld op Instagram te verdien wat nie nodig is om 'n rekening te laat groei nie en baie minder tyd neem. As jy in is, lees verder.

2. Skep en optimaliseer 'n rekening

Eerstens moet u 'n rekening skep. Daar is twee verskillende soorte rekeninge wat u moontlik kan skep: 'n persoonlike bladsy of 'n temabladsy. 'N Persoonlike bladsy is 'n rekening wat oor u gaan, en 'n temabladsy is gefokus op 'n sekere onderwerp. Byvoorbeeld, ek het 'n persoonlike fiksheidsbladsy, tans by 18k volgelinge, en 'n temabladsy oor fiksheid, tans by net meer as 22k volgelinge. Temabladsye is makliker om te groei omdat die tema van die bladsy reeds 'n toegewyde gehoor sal hê, terwyl 'n persoonlike bladsy moeilik is om te groei, tensy jy 'n spesiale talent het of jy verskaf iets wat mense sal laat volg, soos om opvoedkundige video's te verskaf oor 'n onderwerp waarin jy spesialiseer.

Nadat u gekies het watter soort rekening u wil begin, moet u dit optimaliseer. Dit beteken dat jy alles in jou vermoë moet doen om die rekening gereed te maak om te groei voordat jy dit plaas. Begin eers met die naam van die rekening. Vir 'n persoonlike bladsy, gebruik 'n variasie van jou naam of as die bladsy gefokus is op iets wat jy doen, plaas dit in die titel (byvoorbeeld: 'n Fiksheidsbladsy vir John Doe kan @johndoefitness of @jdlifting wees). As 'n temabladsy, maak seker dat jou titel presies die tipe inhoud oordra wat jy sal verskaf. Byvoorbeeld, 'n besigheidsverwante rekening kan homself @topbusinesstips noem en @petrabbits kan werk vir 'n (jy het dit geraai) rekening oor troeteldierhase. Nadat u u rekening genoem het, kan u verder gaan na die beskrywing, algemeen bekend as die bio. Al my rekeninge gebruik 'n strategie wat emoji's en lyne bevat om sleutelpunte oor die rekening skoon oor te dra. Hier is hoe 'n bio vir @petrabbits kan lyk. let wel: Vir 'n temabladsy kan die naaminvoer gebruik word vir iets anders as die skepper se naam, in hierdie geval, "Wenke vir konyneienaars." 'N Persoonlike bladsy moet natuurlik hul naam in die naamafdeling plaas.

> Wenke vir konyneienaars
> 😃 | Slegs die beste inligting ☺
> 🔥 | 'N Huis vir konyneienaars
> > Volg vir daaglikse hasie-inhoud !!

U kan hierdie formaat gebruik om u bio te optimaliseer en die doel van u rekening duidelik oor te dra. Maak dan seker dat u die rekening verander na 'n besigheids- of skepperrekening (instellings < rekening < professionele rekening) sodat u rekeninginsigte kan sien, wat u weer sal help om u rekening verder te optimaliseer. Sodra dit gedoen is, voeg 'n profielfoto by. Maak seker dat die prentjie visueel aantreklik is, nie te verwarrend is nie en relevant is vir die doel van u bladsy. Ten slotte, volg sommige van die beste beïnvloeders of tema-rekeninge in jou nis en stel die rekening aan die publiek. Noudat u al hierdie stappe voltooi het, is u rekening geoptimaliseer en gereed om te gaan.

3. Optimalisering van u plasingstrategie

Vervolgens moet u die tipe inhoud bepaal wat u gaan plaas en hoe gereeld u dit sal plaas. 'N Persoonlike bladsy sal inhoud oor hulself gebruik; 'n Temabladsy kan óf hul eie inhoud ontwerp óf ander mense se inhoud gebruik en krediet gee. Besluit wat die beste vir jou is, gebaseer op die gereedskap waartoe jy toegang het en die tyd wat jy bereid is om te belê in die skep van jou plasings. Vir elke pos het u 'n deurdagte beskrywing nodig. 'N Beskrywing moet 'n haak aan die bokant hê (iets om die leser se aandag te trek en betrokke te hou), en ten minste 50% van die plasings moet 'n lang onderskrif onder die haak hê wat 'n verhaal vertel of 'n onderwerp verduidelik. Die beskrywing hoef nie altyd presies met die pos verband te hou nie. (Byvoorbeeld, 'n fiksheidsbeïnvloeder kan 'n foto plaas van hulle wat oefen en dan oor hul gunsteling proteïenskudding in die beskrywing skryf.) Laastens, gebruik 'n opvallende formaat om die volgeling te vra om betrokke te raak en hutsmerke onderaan by te voeg.

Hier is hoe 'n posbeskrywing vir @petrabbits kan lyk:

> Hierdie studie bewys waarom jou konyne 'n gesonde
> dieet nodig het :) Lewer kommentaar as jy so dink ☺
>
> .
>
> .
>
> ✔ Maak seker dat jy ons volg vir meer daaglikse konyninhoud

Deel 2: Aan die gang

✔ As jy enige vrae het, laat weet ons

#petrabbit #petrabbits #rabbit #rabbitowner #rabbitowners #rabbittips #rabbittip

#rabbitfood #howtoraisearabbit #howtoraiserabbits

Maak seker dat jy die gewildheid van hutsmerke wat jy gebruik wissel (gebruik 20 – 25 per plasing, 5 moet 1 miljoen+ plasings hê, 10 moet onder 500k wees en 10 moet onder 100k wees) asook wissel die stel hutsmerke wat gebruik word, soos in, moenie dieselfde 25 hutsmerke op al jou plasings gebruik nie. Noudat jou plasings geoptimaliseer is, moet jy weet hoe gereeld jy sal plaas en wanneer. Om die wanneer te beantwoord, kyk eenvoudig na jou insigte (insigte sal eers akkuraat wees sodra 'n rekening vir ten minste 'n paar weke konsekwent geplaas het) of google "beste tye om op Instagram te plaas."

Om uit te vind hoe gereeld u moet plaas, moet u dit verstaan: Om vandag op Instagram te groei, moet u 'n basislyn van 1 plasing per dag en ten minste 3 of 4 verhale per dag plaas vir 'n persoonlike rekening en 2 plasings per dag saam met 6 - 7 verhale per dag vir 'n temarekening. Tensy u 'n beroemdheid is of 'n ander bron het om volgelinge te lok, is dit die harde werklikheid. Om op sosiale media te groei, neem baie tyd en werk (hou in gedagte dat die resultate eksponensieel is en gewoonlik die eerste paar maande stadig is), so soos ek al voorheen gesê het, doen dit net as jy daarvan hou.

4. Groei strategieë

Laastens is groeistrategieë. Om vinnig te groei, doen soveel uitroepe as moontlik (sfs is 'n algemene manier om 'n uitroep te vra en beteken "Shoutout For Shoutout") met relevante rekeninge. Lewer kommentaar op ander mense se plasings in jou nis, en betrek gebruikers uiteindelik 'n paar keer per dag deur stories, spesifiek vrae en meningspeilings. Deur hierdie stappe konsekwent uit te voer, sal u groei aansienlik verhoog. As 'n laaste wenk, moet u nooit volgelinge of uitroepe koop wat volgelinge belowe nie. (As u belangstel in bemarkingstegnieke op voetsoolvlak, moet u Gary Vanyerchuck se bemarkingstrategie van $ 1.80 google.)

Dit is alles om op Instagram te groei. Die volgende is hoe u u rekening en volgelinge kan verdien. Verkoop eers uitroepe. Dit kan slegs gedoen word as u 'n beduidende aanhang het, maar sodra u 'n volgende het, is dit 'n maklike bron van inkomste. Voeg in jou bio 'n reël by wat sê "DM me for shoutouts" as jy hierdie strategie wil volg.

Aangesien Instagram u met 'n groot gehoor verbind, is 'n ander manier om geld uit 'n rekening te verdien, om aan u gehoor te verkoop. Geaffilieerde bemarking en Clickbank is twee maklike maniere om inkomste te genereer sonder om u eie produk te ontwikkel. As u wel u eie produk of produkte het om te verkoop, gaan daarvoor. Onthou net om nie te "salesy" te wees nie. As 'n reël, noem jou produk in 1 uit elke 10 plasings. Moenie vergeet om 'n skakel in die webwerf-afdeling van u bio by te voeg wat gebruikers na u produkte lei nie.

Dit is die twee beste maniere om geld te verdien met 'n groot rekening, maar dit is moeilik om 'n rekening te laat groei en daar is 'n baie makliker metode om geld op Instagram te verdien, een wat nie nodig is om 'n rekening te laat groei nie. Die metode is deur Instagram-rekeninge te herverkoop of te "flippen". Onthou, enigiets kan herverkoop word, en Instagram-rekeninge is geen uitsondering nie. Met behulp van virtuele markplekke kan u Instagram-rekeninge goedkoop koop en dit vir meer verkoop. Hier is die 3 beste webwerwe om Instagram-rekeninge op te koop en te verkoop:

Socialtradia.com

Fameswap.com

Insta-sale.com

Voordat u 'n rekening koop, moet u seker maak dat die volgelinge nie vals is nie (kyk na app.hypeauditor.com en influencermarketinghub.com om kwaliteitskontroles uit te voer) en maak seker dat die rekening 'n hoë betrokkenheid het. Laastens, koop altyd deur die borgdienste van een van die bogenoemde webwerwe en nooit deur PayPal, Cash App of 'n bankoorplasing nie.

Dit dek die beste 2 maniere om geld uit Instagram te verdien (om saam te vat: deur rekeninge te laat groei en rekeninge om te draai) en laat ons nou oorgaan na die derde beste manier om voordeel te trek uit sosiale media: YouTube.

YouTube

Sedert ek in 2018 op YouTube begin plaas het, het ek 2500 intekenare en meer as 400,000 kyke bymekaargemaak, tesame met 'n gemiddelde uitbetaling van $ 7.48 per 1000 gemonetiseerde kyke. Alhoewel ek dalk nie die grootste gehoor het nie, kon ek 'n

Deel 2: Aan die gang

aansienlike hoeveelheid geld verdien deur advertensies, handelsware en 'n e-boek wat met die kanaal verband hou. Om 'n YouTube-kanaal te begin en te laat groei is 'n enorme taak, en ek laat jou net met 'n paar wenke. Maak eers seker dat u video's plaas oor iets waarvan u hou. YouTube vereis werk en geniet wat jy doen en om dit betekenisvol te vind, is die enigste manier om uitbranding te voorkom en die lang lewe van die kanaal lewendig te hou.

Tweedens, verstaan dat nie alles perfek hoef te wees wanneer jy begin nie. Om op jou foon, in jou kamer en sonder 'n mooi gladde prater te skiet, is heeltemal goed. Prettige feit: Ek het 'n video wat tans meer as 160 000 kyke het wat my broer, wat toe 8 was, op kamera laat dwaal en met slym speel. Ek het dit nooit opgemerk tydens die verfilming of in die na-produksie nie, en gevolglik het 160 000 mense my grootste fout as inhoudskepper gesien.

Stel vervolgens 'n konsekwente posroetine vas. Probeer om ten minste op dieselfde dag (per week) en beter nog op dieselfde uur te plaas, sodat u gehoor u video's sal begin verwag en gereed is om daarna te kyk. Uiteindelik, sodra u 'n gevestigde gehoor het, gebruik hulpbronne soos Merch By Amazon (merchbyamazon.com) en KDP (kdp.com) om geld deur u gehoor te verdien. Dit is net 'n inleiding tot groei en geld verdien op

YouTube. Die onderwerp is groot en as dit iets is waarin jy belangstel, sal jy jou eie navorsing moet doen.

Dit sluit af om geld te verdien met sosiale media, sowel as die top 5 besighede wat tieners kan begin. As jy spesifieke wenke oor enige van die genoemde besighede wil hê, e-pos my by tradingforteens@gmail.com.

Noudat u op pad is om geld te verdien, moet u leer hoe om u geld effektief te bestuur en te bespaar, sodat u meer het om te belê.

Deel 2: Aan die gang

aansienlike hoeveelheid geld verdien deur advertensies, handelsware en 'n e-boek wat met die kanaal verband hou. Om 'n YouTube-kanaal te begin en te laat groei is 'n enorme taak, en ek laat jou net met 'n paar wenke. Maak eers seker dat u video's plaas oor iets waarvan u hou. YouTube vereis werk en geniet wat jy doen en om dit betekenisvol te vind, is die enigste manier om uitbranding te voorkom en die lang lewe van die kanaal lewendig te hou.

Tweedens, verstaan dat nie alles perfek hoef te wees wanneer jy begin nie. Om op jou foon, in jou kamer en sonder 'n mooi gladde prater te skiet, is heeltemal goed. Prettige feit : Ek het 'n video wat tans meer as 160 000 kyke het wat my broer, wat toe 8 was, op kamera laat dwaal en met slym speel. Ek het dit nooit opgemerk tydens die verfilming of in die na-produksie nie, en gevolglik het 160 000 mense my grootste fout as inhoudskepper gesien.

Stel vervolgens 'n konsekwente posroetine vas. Probeer om ten minste op dieselfde dag (per week) en beter nog op dieselfde uur te plaas, sodat u gehoor u video's sal begin verwag en gereed is om daarna te kyk. Uiteindelik, sodra u 'n gevestigde gehoor het, gebruik hulpbronne soos Merch By Amazon (merchbyamazon.com) en KDP (kdp.com) om geld deur u gehoor te verdien. Dit is net 'n inleiding tot groei en geld verdien op

YouTube. Die onderwerp is groot en as dit iets is waarin jy belangstel, sal jy jou eie navorsing moet doen.

Dit sluit af om geld te verdien met sosiale media, sowel as die top 5 besighede wat tieners kan begin. As jy spesifieke wenke oor enige van die genoemde besighede wil hê, e-pos my by tradingforteens@gmail.com.

Noudat u op pad is om geld te verdien, moet u leer hoe om u geld effektief te bestuur en te bespaar, sodat u meer het om te belê.

Spaar geld as tiener: die top 3 wenke

Uit die oog, uit die hart

Die eerste en moontlik die doeltreffendste geldbesparende reël is die idee dat as geld buite sig gehou word, dit minder gesien sal word en dus minder gebruik sal word. Dit is maklik om daardie sjokoladestafie of daardie nuwe trui te koop terwyl jy 'n beursie vol geld dra, en in 'n toenemend digitale wêreld gee dienste soos Apple Pay en PayPal mense maklike toegang tot hul geld vanaf hul toestelle. Alhoewel dit nuttig kan wees, maak tegnologie dit maklik om impuls te koop in plaas daarvan om deurdagte besluite te neem wat uiteindelik jou beste langtermynbelange weerspieël. Om impulsbesteding teen te werk, gebruik die Out of Sight, Out of Mind-reël. Die doel is om jou geld minder toeganklik te maak sodat jy meer kan spaar en belê. Om te begin, sit kontant iewers wat moeite verg om by uit te kom. Nog beter, gee dit aan 'n voog en vra hulle dan om van u te vereis om deeglik te verduidelik waarom u u geld wil hê. Dieselfde reëls geld vir krediet- en debietkaarte. As jy tans normale bestedingsgewoontes het, sal jy byna onmiddellike verbetering sien in die hoeveelheid geld wat jy kan spaar. Om meer te wete te kom oor hoe klein aankope jou finansies beïnvloed, kyk na die boeke, *The Automatic Millionaire* en *The Millionaire Next Door*. Kontant word egter al hoe minder algemeen. As jy 'n foon het, sal jy dit ook moet sluit. Ontkoppel Apple Pay en Samsung Pay om maklike besteding van jou foon te voorkom en geld weg te skuif van PayPal om maklike impulsaankope aanlyn te voorkom. Aan diegene met 'n werk of 'n konsekwente salaris wat inkom, stuur outomaties 50% (of soveel as wat jy wil) van jou inkomste na jou aandeleverhandelingsrekening. Op hierdie manier, teen die tyd dat jy jou geld ontvang, sal jy reeds 'n aansienlike bedrag van jou inkomste gespaar het. Al hierdie wenke is wonderlik, maar aan die einde van die dag sal jy waarskynlik geld moet spandeer, soos terwyl jy tyd saam met vriende of familie spandeer. Die doel van Out of Sight, Out of Mind is nie om jou heeltemal te keer om geld te spandeer nie; dit is om jou te help om net geld te spandeer op wat jou regtig gelukkig maak en aankope uit te skakel waaroor jy later spyt sou wees.

Begin by die einde
'N Goeie tweede stap om u te help om geld te bespaar, is om so te sê aan die einde te begin. Stel doelwitte in eenvoudiger terme. Om geld te spaar kan moeilik wees omdat dit die natuurlike begeerte na korttermynbevrediging beveg. Eintlik is die motivering nie daar nie. Om inkrementele doelwitte te hê en dit te bereik, sal dopamien vrygestel word, net soos die korttermynbevrediging wat geld kan

Deel 2: Aan die gang

koop. Daarom, met 'n groot doel, sê om $ 1000 te bespaar, en inkrementele doelwitte, soos om $ 50 per week te bespaar, is 'n effektiewe manier om geld te bespaar en dit in lyn te bring met die natuurlike instinkte van u brein. Om hierdie strategie die beste te gebruik, stel doelwitte op wat elke week bereik kan word, sowel as 'n omvattende einddoelwit. Die einddoel behoort minstens 'n paar maande te neem om te voltooi anders sou dit nie "die moeite werd" voel nie.

Byvoorbeeld, iemand wat geld wil spaar, kan dit as hul SMART-doel gebruik: ek wil $ 500 in die volgende 3 maande spaar om in aandele te belê. Ek sal dit doen deur vir my bure op te pas en die toelae wat my ouers my gee, te spaar. Ek sal my doel afbreek deur $ 50 per week te bespaar. Hier is 'n bietjie ruimte om jou eie SMART-doelwit te skryf wat jou sal help om geld te spaar om te belê:

Om meer te wete te kom oor die (ek is dalk bevooroordeelde, maar baie interessante) wêreld van wilskrag, motivering en bevrediging, kyk gerus na die volgende boeke: *The Willpower Instinct* deur Kelly McGonigal en *HighPerformance Habits: How Extraordinary People Become That Way* deur Brendon Burchard.

Koop slim

'N Derde reël om u te help om geld te bespaar, gaan alles oor slim inkopies. Hierdie afdeling gaan nie daaroor om jou inkopiegewoontes uit te skakel nie; dit gaan daaroor om jou te help om geld te spaar terwyl jy inkopies doen deur net items te koop wat jy werklik wil hê.

Slaap eers daarop. Soos hierbo genoem, kan impulskoop 'n groot vermorsing van geld wees. As jy dit oorweeg om enige item van beduidende waarde te koop, moenie dit dadelik koop nie. Neem 'n nag om daaroor na te dink. As jy wakker word en die item is iets wat jy werklik dink jy sal liefhê en waarde en geluk tot jou lewe sal toevoeg, gaan voort en koop dit. U sal egter gereeld wakker word en regtig, baie bly wees dat u dit nie gekoop het nie. Dit is 'n goeie reël vir enigiemand om te implementeer en jy sal binnekort geld kry wat ophoop.

Tweedens, moenie nuut koop nie. (Daar is ooglopende uitsonderings op hierdie reël; Ek sal dit aan jou oorlaat om te besluit.) Die gebruik van hulpbronne soos eBay, tweedehandse winkels, tweedehandse winkels en die programme Nextdoor, Letgo, OfferUp, 5miles, Craigslist en VarageSale sal dikwels produkte van uitstekende gehalte tot gevolg hê vir 'n groot afslag op kleinhandelpryse. Neem hierdie voorbeeld: Een van die boeke wat in die hulpbronne-afdeling genoem word, *Rich Dad Poor Dad For Teens* deur Robert Kiyosaki verkoop vir $ 13.99 op hoorbare en $ 9.99 op Target se webwerf. Dieselfde boek verkoop (in 'n goeie toestand) vir $ 4.19 op thriftbooks.com en ander boekherverkoopwebwerwe. Dieselfde reël geld vir klere, tegnologie en ander produkte. AirPods, wat vir byna $ 150 verkoop word, gaan vir minder as $ 100 op webwerwe soos Letgo en OfferUp. (Prettige feit: ek het 'n AirPod-tas met slegs 1 AirPod gekoop om geld te bespaar. Dit kos slegs $ 40.) Aanbiedings is oral as jy die tyd neem om dit te soek.

As 'n derde wenk vir slim inkopies, wees bewus van tydsberekening. Die regte tydsberekening kan lei tot beduidende aanbiedings en afslag. Neem Swart Vrydag. Swart Vrydag staan algemeen bekend as die dag om die beste aanbiedings van die jaar te kry. (As jy in China is, vervang Swart Vrydag met Singles Day.) Die aankoop van die nuwe rekenaar waarvoor jy op Swart Vrydag gespaar het in vergelyking met die pryse van ses maande later, sal jou groot bedrae geld spaar. Terwyl Black Friday slegs een dag per jaar is, bied maatskappye die hele jaar deur aanbiedings en afslag aan en om te weet wanneer om te koop, kan jou help om groot te spaar.

As u die drie wenke hierbo kombineer, is u die slimste koper op die blok, sowel as die rykste. Gebruik dit verstandig en maak seker dat jy dit met vriende en familie deel wat (ahem) hul bestedingsgewoontes kan verbeter.

Nadat u geld verdien het, geld gespaar het en u klaar geleer het soveel as wat u kan, is dit tyd om by die moeilike deel uit te kom: aandele kies en geld verdien. Dit sluit deel II af en dit is tyd om oor te gaan na Deel III: Aandelemarkgeletterdheid

Deel III: Aandelemarkgeletterdheid

Voordat u strategieë en metodes leer om geld op die aandelemark te verdien, moet u eers 'n paar basiese terme en woorde verstaan wat gebruik word om aandele te beskryf en te evalueer. Die eerste keer dat u die P / E-verhouding of die verdienste-oproep van 'n onderneming sien, sal u waarskynlik oorweldig word, maar die volgende inligting sal u op die regte voet plaas. U hoef nie elke woord te memoriseer nie, probeer net om die basiese komponente te verstaan en gebruik verder hierdie inhoud as 'n verwysingsgids waarna verwys kan word as 'n woord of konsep nie later in u beleggingsreis verstaan word nie.

Gedurende hierdie afdeling leer u die volgende:

1. **Basiese bepalings**
2. **Tipes aandele**
3. **Tipes beleggings**
4. **Hoe om die grondbeginsels te verstaan**
5. **Hoe om verdienste te verstaan**

Basiese bepalings

Om mee te begin, moet u 'n paar woorde en terme leer wat die kern van belegging is. Slegs die belangriker woorde is ingesluit, aangesien al die terme daar buite 'n boek op sigself kon vul.

Voorraad

'N Aandeel is 'n baie klein stuk van 'n maatskappy wat op 'n openbare of private mark verkoop word. Namate die waarde van 'n onderneming toeneem, kan die waarde van sy voorraad ook toeneem.

Aandelemark

Die aandelemark bestaan uit openbare uitruilings waarmee aandele gekoop en verkoop kan word. Tipies sal groot lande hul eie aandelemarkte hê.

Aandelebeurs

'N Beurs hou verband met die aandelemark, maar hoewel die aandelemark 'n sambreelterm is, is 'n aandelebeurs waar die aandele eintlik gekoop en verkoop word. Die NYSE is byvoorbeeld 'n Amerikaanse aandelebeurs waarmee Amerikaanse maatskappye (saam met sommige internasionale maatskappye) in die openbaar kan handel dryf.

Wall Street

Wall Street is die straat in New York waar Amerikaanse aandelebeurse geleë is. Die term Wall Street word egter dikwels gebruik om die mense wat op Wall Street werk, sowel as die mark en die mark se bewegings te beskryf.

Voorraad simbool

'n Aandelesimbool is tipies twee tot vyf letters wat 'n maatskappy se aandeel verteenwoordig. Apple se voorraadsimbool is byvoorbeeld AAPL, en Amazon s'n is AMZN.

Sektor

Aandelemarksektore verteenwoordig verskillende vertakkings van die ekonomie waarin 'n aandelemaatskappy werksaam is. Apple is byvoorbeeld 'n tegnologiemaatskappy, so hul sektor is tegnologie. Daar is 11 sektore in die mark, wat almal later in die boek verduidelik sal word.

Portefeulje

'N Portefeulje is 'n versameling van baie beleggings wat deur 'n persoon of organisasie gehou word. Byvoorbeeld, as jy aandele van drie verskillende maatskappye besit, bestaan jou besit in daardie maatskappye uit jou portefeulje.

Dividend

'n Dividend is 'n som geld wat 'n maatskappy gereeld sal gee aan aandeelhouers wat hul aandele besit. Dividende word gewoonlik kwartaalliks uitbetaal (4 keer per jaar). Die maatskappy Johnson &

Johnson kan byvoorbeeld ongeveer 2% van die aandeelprys, ook bekend as die dividendopbrengs, uitbetaal. As u 100 aandele teen $ 200 ($ 200 x 100 x 2%) besit, ontvang u dividende van $ 400 per jaar. Dividende is onderhewig aan verandering en bly nie noodwendig dieselfde oor 'n lang tydperk nie. As geheel is dividendopbrengste gemiddeld tussen 1% en 3% en maatskappye met dividende geneig om veiliger en konsekwent in hul groei te wees. 'N Groot dividendstrategie is om dividendgeld outomaties te herbelê, wat lei tot 'n posisie wat sy besit mettertyd verhoog.

IPO

Die IPO, of aanvanklike openbare aanbod, is die bekendstelling van 'n aandeel op die mark. Die maatskappy Lyft (LYFT) het byvoorbeeld teen $72 per aandeel by sy IPO geopen. IPO's gebeur slegs een keer per maatskappy wanneer hulle die eerste keer op 'n beurs genoteer is.

Markkapitalisasie

Die markkapitalisasie van 'n maatskappy word gevind deur die aandeelprys met die aantal aandele te vermenigvuldig. Dit dien basies as 'n bepaling van die waarde van 'n maatskappy se aandeel. Byvoorbeeld, 'n maatskappy met 'n aandeelprys van $ 100 en 1,000,000 aandele wat te koop is, sal 'n markkapitalisasie van $ 100,000,000 hê. In die reël (hoewel met noemenswaardige uitsonderings, neem Tesla), hoe groter 'n onderneming is, hoe veiliger is dit.

Wisselvalligheid

Wisselvalligheid is die waarskynlikheid van die bedrag wat 'n aandeel kan styg of daal. Byvoorbeeld, 'n aandeel wat die een dag met 8% styg, die volgende dag 10% laer is en die volgende dag met 5% styg, is wisselvalliger as 'n aandeel wat elke dag met 1% styg. Vlugtige voorrade is gewoonlik die stygste, hoewel hulle dikwels die meeste opwaartse potensiaal het.

Om 'n bevel te "uitvoer"

Sodra u 'n bestelling geplaas het om 'n voorraad te koop of te verkoop, word daar soms na die proses van die bestelling wat voltooi word, verwys as 'uitgevoer' of 'deurgaan'. As 'n kantaantekening word die prys waarvoor u aanvanklik 'n aandeel gekoop het, soms die 'kooppunt' of 'toegangspunt' genoem. (Soos: "Ek het AMZN teen $ 900 ingeskryf.")

Beperk bestelling

'N Limietorder is een manier waarop 'n voorraad gekoop kan word. Met 'n limietorder kan 'n koper 'n prys bepaal waarteen hulle 'n aandeel wil koop wat onder die huidige markprys is. U bestelling sal slegs uitgevoer word as die aandeel die teikenprys tref of onder die teikenprys val. Byvoorbeeld, 'n limietorder kan wees om 10 aandele van Abbott Laboratories (ABT) teen $ 80 te koop terwyl ABT teen $ 85 verhandel. Die handel sal slegs uitgevoer word as u die 10 aandele teen presies $ 80 of teen enige nommer onder $ 80 kan koop. 'N Slim strategie tydens die aankoop van 'n aandeel is om 'n limietorder effens onder die huidige prys in te stel. As ABT byvoorbeeld teen $ 80 verhandel, kan u 'n limietorder teen $ 76 plaas. Dit sou daarteen gekant wees om 'n bestelling teen die huidige prys van $ 80 te stel, met die aandeel tot $ 76 en byna onmiddellik 5% verloor. Limietbestellings is die tipiese besteltipe.

Markorde

'N Markbestelling is 'n ander soort bestelling wat u kan plaas om 'n voorraad te koop. 'N Markbestelling sal die aandeel teen die markwaarde of die huidige prys van die aandeel koop. Byvoorbeeld, as Abbott Laboratories teen $ 83.45 verhandel en 'n markbestelling geplaas word, sal die handel onmiddellik teen $ 83.45 uitgevoer word. Markbestellings is riskanter as limietbestellings omdat u minder beheer oor die aankooppunt het, maar dit is nuttig as u onmiddellik 'n voorraad wil invoer.

Beer Mark

'n Beermark is 'n mark wat nie goed vaar nie en besig is om af te gaan. Om beleggers te hoor sê: "O, die bere is terug" of iets soortgelyks verwys na die mense wat verkoop. Dit verteenwoordig oor die algemeen 'n negatiewe siening van die mark en word soms lomp genoem.

Bulmark

Bulle en 'n bulmark verteenwoordig die keersy van 'n beermark. Bullish beleggers dink die mark gaan styg en koop. 'n Bulmark is 'n mark wat goed vaar en die meeste aandele in 'n bulmark beweeg op.

Jaarverslag

Een keer per jaar moet 'n maatskappy 'n jaarverslag lewer wat die sleutelstatistieke van hul besigheid, soos verkope en skuld, vertoon. Jaarverslae is goeie aanduidings van hoe 'n maatskappy presteer. 'n Maatskappy se jaarverslag sal ooreenstem met een van hul kwartaallikse verslae en kan 'n groot impak op die aandeelprys maak.

Kwartaal

Die mark, sowel as alle maatskappye, volg 'n finansiële kalender wat 4 kwartale insluit. 'N Maatskappy moet verdienste rapporteer, wat basies 'n beskrywing is van hoe goed die maatskappy die vorige kwartaal gevaar het. 'n Maatskappy met 'n jaareinde van 31 Desember sal die volgende kwartaallikse skedule hê: Januarie, Februarie en Maart (Q1); April, Mei en Junie (V2); Julie, Augustus en September (Q3); en Oktober, November en Desember (Q4). Kwartaallikse verdienste maak 'n groot impak op die aandeelprys en goeie verdienste, sowel as sleg, kan die koers vir die volgende kwartaal of jaar bepaal.

Sluit

Markte is nie oop vir die meeste beleggers 24/7 nie. Die Amerikaanse aandelemark werk van Maandag tot Vrydag van 09:30 tot 16:00 EST en is op die meeste groot vakansiedae gesluit. Die mark sluit bloot na die tyd wat die mark ophou handel vir die dag.

Dag handel

Daghandel is 'n metode van belegging. Terwyl die meeste beleggers op lang termyn belê, handel daghandelaars daagliks (of selfs minder; soos per minuut) in en uit aandele. Byvoorbeeld, as 'n daghandelaar dink 'n maatskappy gaan 'n nuwe produk onthul wat hul aandeelprys sal verhoog, sal daardie daghandelaar aandele koop. Sodra die nuus uitkom en die voorraad met 5% styg, sal hulle die voorraad verkoop. Daghandel is riskanter as langtermynbeleggings en maak gewoonlik minder geld oor 'n lang tydperk, hoewel dit winsgewend kan wees as dit bemeester word.

Tydren

'n Tydren is 'n volgehoue tydperk van groei in die mark of voorraad. Terwyl bulmarkte 'n langer tydperk verteenwoordig, word byeenkomste gewoonlik in 'n korttermynkonteks gebruik. Byvoorbeeld, 'n verslag wat toon dat werkloosheid 'n laagtepunt van 50 jaar bereik het, kan 'n daglange markbyeenkoms tot gevolg hê.

Volume

Volume is die aantal kere wat 'n aandeel verhandel is. Microsoft (MSFT) word byvoorbeeld miljoene kere per dag verhandel. 'N Kleiner voorraad soos Sorrento Therapeutics (SRNE) mag slegs 'n paar honderdduisend keer per dag verhandel word. Stygings in volume dui gewoonlik op 'n (dikwels groot) verandering in aandeelprys, hetsy op of af.

Opbrengs

Opbrengs is watter persentasie van die aandeelprys 'n maatskappy in dividende uitdeel. Laat ons byvoorbeeld sê dat JNJ se aandeel teen $ 200 verhandel. As u 1 aandeel besit, ontvang u dividende van $ 4 per jaar. Deur 4 deur 200 te deel, kan ons vind dat die dividendopbrengs 0,02 of 2% is. Hoe hoër die dividendopbrengs, hoe beter.

Dag bestelling

Elke keer as u 'n limietorder vir 'n voorraad instel, moet u ook die duur bepaal waartydens die bestelling uitgevoer kan word. Dagbestellings word in die loop van een handelsdag uitgevoer. Ander algemene tydsduur is "60 dae" en "Goed tot op datum", wat verwys na 'n pasgemaakte datum wat vasgestel word.

Ontleder Navorsing

Ontleders is mense wie se werk goeie beleggings vir hul firmas moet vind. Die meeste beleggingsplatforms sal 'n ontleder-navorsingsbladsy hê. Daardie bladsy sal al die inligting en graderings vertoon wat aan 'n voorraad gegee word deur ontleders wat dit nagevors het. Alhoewel ontleders nie altyd reg is nie (TSLA het byvoorbeeld binne drie maande ongeveer verdriedubbel ondanks die negatiwiteit van ontleders), is die inligting en verslae wat hulle gee nuttig om te oorweeg. Wanneer gewaardeerde en betroubare ontleders 'n verslag skryf waarin hulle sê dat hulle glo dat 'n aandeel op of af sal beweeg (genoem "opgradering" of "afgradering") sal 'n voorraad dikwels insync met die verslag beweeg.

Insider aktiwiteit

Die meeste beleggingsplatforms sal die insider-aktiwiteitsinligting van aandele vertoon. Mense wat by 'n onderneming werk (gewoonlik in hooggeplaaste korporatiewe posisies) word insiders genoem. Insider-aktiwiteit vertoon die aankoopgeskiedenis van insiders op die voorraad van die maatskappy waarvoor hulle werk. Dit kan nuttige inligting wees. U kan byvoorbeeld vind dat die uitvoerende hoof van maatskappy X die aankoop van 100,000 aandele van sy of haar maatskappy geregistreer het. Hierdie tipe inligting kan baie nuttig wees om 'n goeie tyd te bepaal om 'n voorraad te koop. Sommige insider-aktiwiteite weerspieël egter nie die insider se kennis nie. "Toekenning van opsies" en "Uitoefening van opsies" verteenwoordig insiders wat óf aandele kry óf gedwing word om aandele te verkoop. Dit is vooraf beplan en het niks te doen met die insider se huidige mening van die maatskappy nie. Aankope en verkope van die voorraad is die enigste insider-aktiwiteitsinligting waaraan u moet let.

Bruto marge

Die bruto marge van 'n onderneming is die netto verkope minus die vervaardigingskoste van die verkoopte goedere. 'N Maatskappy kan byvoorbeeld 10,000 eenhede ter waarde van $ 1 miljoen verkoop. Die 10 000 eenhede is vir $ 400,000 bymekaargemaak en die werknemer se koste om die eenhede te bou was $ 100,000. Dit beteken dat die bruto marge, 1.000.000 - 400.000 - 100.000, 500.000 sou wees. Om dit dan in 'n persentasie om te skakel, deel die getal deur die oorspronklike verkoopsnommer. 500,000 gedeel deur 1,000,000 lei tot 'n bruto marge van 0,5, of 50%. Bruto marge bied nie 'n volledige beeld van die wins van 'n onderneming nie, aangesien uitgawes soos bemarkingskoste nie by die bruto marge ingereken word nie. Oor die algemeen, hoe hoër die bruto marge, hoe gesonder is 'n maatskappy. Die bruto marge van 'n gesonde onderneming moet minstens 20% wees, hoewel die getal volgens die industrie verskil.

Netto winsmarge

'N Netto winsmarge is 'n stap verder as die bruto marge. Netto winsmarge onthul die ware winsgewendheid van 'n onderneming nadat alle uitgawes betaal is. Gebruik hierdie vergelyking om die netto winsmarge te vind: Netto winsmarge = netto wins ÷ verkope. Byvoorbeeld, 'n maatskappy kan $ 100,000 in verkope hê. Uit die verkope van $ 100,000 het die onderneming 'n wins na alle uitgawes van $ 30,000. Om die netto winsmarge te vind, deel 30.000 deur 100.000. Die resultaat is 0.3. Vermenigvuldig dan die getal met 100 om 'n persentasie te kry. 0.3 vermenigvuldig met 100 is gelyk aan 30. Daarom is die netto winsmarge 30%. Gebruik die netto winsmarge om die ware wins te bepaal wat 'n onderneming maak nadat alle uitgawes betaal is.

Opbrengs op bates (ROA)

Opbrengs op bates dui op die wins van 'n onderneming in vergelyking met die waarde van sy bates. Om die ROA te vind, deel die netto inkomste deur die totale bates. Laat ons byvoorbeeld sê dat u 'n limonadestandonderneming begin. U het die tafel, die bord en al die ander toerusting vir $ 1000 gekoop. Toe verdien u $ 250. Om jou ROA te vind, deel 250 deur 1000. Die resultaat is 0,25 en 'n opbrengs op bates van 25%. ROA kan nuttig wees in die volgende situasie: 'n Maatskappy met bates van $ 1 miljard en wins van $ 1 miljoen kan in die groen wees met 'n ROA van .1%, maar 'n ander maatskappy kan $ 100 miljoen se bates hê en $ 10 miljoen wins maak met 'n ROA van 10%. Die maatskappy wat 100x die geld verdien terwyl hy 1/10 die waarde van bates gebruik, is waarskynlik 'n beter belegging. Hoe hoër die opbrengs op bates, hoe doeltreffender is die onderneming om geld te verdien.

Prys/Boek verhouding (P/B.

'n P/B-verhouding bepaal of 'n aandeel deur die mark onderwaardeer of oorwaardeer word. Om dit te vind, deel die prys per aandeel deur die boekwaarde per aandeel. Die boekwaarde van 'n aandeel is die totale waarde van 'n maatskappy se bates minus die laste. Oor die algemeen soek beleggers 'n P/B-verhouding onder 3. P/B-verhoudings onder 1 beteken gewoonlik dat 'n aandeel baie onderwaardeer is en moontlik 'n goeie belegging is. Verstaan egter dat P/B-verhoudings per bedryf verskil, so doen jou huiswerk voordat jy 'n beleggingsbesluit neem gebaseer op 'n P/B-verhouding.

Prys/kontantvloeiverhouding (P/CF)

'n P/CF-verhouding vergelyk 'n maatskappy se markwaarde met sy kontantvloei. Om dit te vind (met behulp van 'n vereenvoudigde vergelyking) deel die aandeelprys deur die kontantvloei per aandeel. Twee maatskappye het byvoorbeeld 'n aandeelprys van $100. Een maatskappy het 'n kontantvloei van $10 per aandeel, terwyl die ander $30 per aandeel het. Om hul P/CF-verhoudings te vind, deel 10/100 en 30/100. As persentasie sou dié twee maatskappye onderskeie P/CF-verhoudings van 10% en 30% hê. Uiters hoë en uiters lae P/CF-verhoudings is oor die algemeen nie 'n goeie teken nie, die meeste maatskappye het 'n P/CF-verhouding wat wissel van 10 tot 20.

Prys/verkoopsverhouding (P/S)

'n P/S-verhouding vergelyk 'n maatskappy se aandeelprys met sy inkomste per aandeel. Inkomste per aandeel kan gevind word deur 'n markkapitalisasie deur totale inkomste te deel. Byvoorbeeld, 'n maatskappy met 'n aandeelprys van $ 20 en inkomste per aandeel van $ 5 het 'n P / S-verhouding van 20/5, of 4. P / S-verhoudings toon hoeveel beleggers bereid is om per dollar verkope te betaal. Byvoorbeeld, die vorige voorbeeld sal toon dat beleggers bereid is om $ 4 te betaal vir elke $ 1 van inkomste wat die maatskappy genereer. P/S-verhoudings is die nuttigste, soos P/CF- en P/B-verhoudings, om maatskappye in dieselfde sektor te vergelyk. In die meeste sektore is P/S-verhoudings onder 1 uitstekend, en 1 tot 2 word as goed beskou.

Tipes aandele

Dit is baie belangrik om verskillende soorte aandele te verstaan. Daar is baie maniere om 'n voorraad te klassifiseer, en die mees algemene klassifikasies sal verduidelik word. Die eerste algemene klassifikasie van aandele is volgens die styl van belegging wat hulle verteenwoordig.

Waarde aandele
Waardeaandele is aandele wat onderprys en onderwaardeer is in vergelyking met ander soortgelyke maatskappye.

Groei aandele
Groeiaandele behoort aan maatskappye wat vinnig groei of gereed is om vinnig te groei. Voorbeelde hiervan is Amazon en Lyft (AMZN en LYFT).

Sikliese aandele
Sikliese aandele stem gewoonlik ooreen met die prestasie van die mark. As die mark styg, styg sikliese aandele. As die mark daal, sal hierdie aandele waarskynlik daarmee daal. Voorbeelde hiervan is Hasbro en HarleyDavidson. (HET en).

Pennie aandele

Penny-aandele, soos die naam aandui, is goedkoop en hoërisiko-beleggings. Hulle wissel van $ 5 tot minder as 10 sent. Alhoewel dit meer geneig is as blouskyfie- en inkomste-aandele om 'n hoë opwaartse potensiaal te hê, is die meeste klein ondernemings en is dit dus meer geneig om te misluk of bankrot te gaan. Voorbeelde hiervan is Smith Micro Software en Fortuna Silver Mines (SMSI en FSM).

Spekulatiewe aandele

Spekulatiewe aandele is tipies klein of beginnermaatskappye wat nuut op die aandelemark is en geen rekord het nie. Hulle het dikwels nuwe produkte of ondersoek 'n nuwe mark. Spekulatiewe aandele is baie riskant, maar het dikwels groter opwaartse potensiaal as groot en stabiele aandele. Voorbeelde hiervan is Fortress Biotech en Sorrento Therapeutics (FBIO en SRNE).

Blue Chip Aandele

Blue-chip-aandele is van groot, konsekwent winsgewende en goed gevestigde maatskappye op die toppunt van hul nywerhede. Hulle groei oor die algemeen stadig, maar is lae risiko en gewoonlik veilig. Maatskappye soos hierdie sluit Johnson & Johnson (JNJ) en Apple (AAPL) in.

Inkomste aandele

Inkomste-aandele is dikwels ook blouskyfie-aandele en betaal gewoonlik hoë dividende. Dit sluit van die minste riskante aandele in en het konsekwente, stabiele groei. Voorbeelde hiervan is IBM en Universal Corp (IBM en UVV).

Internasionale aandele

Internasionale aandele beskryf enige voorraad wat buite jou tuisland uitgereik word. Byvoorbeeld, enige maatskappye wat in Europa gestig en gevestig is, word beskou as internasionale aandele aan handelaars in die VSA. Internasionale aandele kan ook buitelandse aandele genoem word. Gewilde internasionale aandele vir handelaars in USbased is Alibaba (BABA) en JD.com Inc. (JD).

Markkapitalisasie

Nog 'n algemene metode van klassifikasie is deur die totale waarde van 'n maatskappy se aandele, ook na verwys as die Market Cap. 'N Markkapitalisasie word gevind deur die aandeelprys met die totale aantal aandele te vermenigvuldig. Byvoorbeeld, 'n maatskappy met 'n aandeelprys van $ 10 en 1 miljoen aandele het 'n markkapitalisasie van $ 10 miljoen. Die meeste maatskappye val onder die drie hoofkategorieë van klein, middel of groot pet, maar al ses markkapitalisasieklassifikasies word hieronder gelys. Oor die algemeen, hoe groter die markkapitalisasie, hoe minder riskant is 'n aandeel.

- Nano-Cap - $ 50 miljoen en onder

- Mikro-pet - $ 50 miljoen tot $ 300 miljoen

- Kleinkapitalisasie - tussen $ 300 miljoen en $ 2 miljard

- Mid-Cap - Tussen $ 2 miljard en $ 10 miljard

- Grootkapitalisasie - tussen $ 10 miljard en $ 200 miljard

- Mega-Caps - $ 200 miljard of meer

Sektore

'n Derde groepering van aandele is deur die sektore waarin hulle werksaam is. Dink aan sektore as verskillende dele van die ekonomie. Gesondheidsorg is byvoorbeeld 'n sektor wat (onder andere subsektore) hospitale en dwelmmaatskappye insluit. Verskillende sektore het verskillende voordele en nadele en beweeg in soortgelyke rigtings. Sommige sektore is byvoorbeeld beter om in te belê tydens ekonomiese afswaai en ander tydens ekonomiese welvaart. Dit is belangrik om nie net die verskillende sektore te ken nie, maar ook om jou portefeulje oor verskeie sektore te diversifiseer. Op hierdie manier kan jy in verskillende ekonomiese tye onderstebo in verskeie bedrywe vasvang en jou portefeulje bestand maak teen 'n groot verlies indien 'n enkele sektor sou daal. Die aandelemark het 11 sektore, en hieronder sal alles uitgebrei word.

Finansies

Finansiële aandele sluit in dié van beleggingsfondse, banke, eiendomsfirmas, versekeringsmaatskappye, verbruikersfinansieringsmaatskappye, verbandmakelaars en eiendomstrusts. Alhoewel dit alles intimiderend mag klink, draai finansiële aandele basies om geld, of dit nou is om jou geld te hou of om jou geld te belê. Finansiële aandele styg dikwels namate rentekoerse styg omdat hulle geld verdien uit die verbande en lenings wat hulle beheer, wat almal voordeel trek uit verhoogde rentekoerse. Maatskappye in hierdie sektor sluit in Bank Of America Corp (BAC), Morgan Stanley (MS) en Citigroup Inc. (C).

Energie

Energievoorrade sluit in kragfirmas, raffinaderye, olie- en gaseksplorasiemaatskappye en produksiemaatskappye. Energievoorrade sal waarskynlik in waarde toeneem wanneer die prys van olie, aardgasse en ander kommoditeite styg. Maatskappye in hierdie sektor sluit in Exxon Mobile (XOM) en Chevron Corporation (CVX).

Nuts

Die nutsbedryf bestaan uit water-, elektriese en gasmaatskappye. Hulle is die maatskappye wat jou lopende water en elektrisiteit gee. Die nutsbedryf is bekend daarvoor dat hy stabiele en herhalende inkomste van sy kliënte verdien. As gevolg hiervan sal die aandeelpryse van nutsdienste nie veel verander nie, aangesien die mark op of af gaan en waarskynlik hoë en konsekwente dividende sal betaal. Maatskappye sluit in National Grid (NGG) en Dominion Resources (D).

Tegnologie

Tegnologie-aandele bestaan uit sagteware-ontwikkelaars, inligtingstegnologiefirmas en elektroniese vervaardigers. Dit is die maatskappye wat die tegnologie wat ons koop, ondersoek, vervaardig en verkoop. Tegnologie-aandele hang oor die algemeen af van die algemene gesondheid van die mark en die ekonomie en is geneig om met die mark te beweeg. Maatskappye in hierdie sektor sluit Apple (AAPL), Microsoft (MSFT) en Amazon (AMZN) in.

Verbruikers krammetjies

Verbruikers stapelvoedsel maatskappye produseer voedsel en drank, sowel as baie ander benodigdhede. Verbruikersstapelmaatskappye is bestand teen ekonomiese afswaai, want selfs in tye van finansiële stryd het mense steeds die benodigdhede nodig wat hierdie maatskappye voorsien. Maatskappye sluit in Procter & Gamble (PG) en B & G Foods (BGS).

Verbruikers diskresionêr

Die verbruiker se diskresionêre sektor sluit kleinhandelmaatskappye, mediamaatskappye en verbruikersdiensverskaffers in. Verbruikers diskresionêre maatskappye is waar verbruikers gaan inkopies doen. Die sektor beweeg oor die algemeen met die ekonomie. Maatskappye in hierdie sektor sluit in McDonald's (MCD), Target (TGT) en Walmart (WMT).

Gesondheidsorg

Gesondheidsorgmaatskappye bestaan uit hospitaalbestuursfirmas, bemarkers van mediese toestelle, biotegnologiemaatskappye en vele ander. Sommige aspekte van hierdie sektor is veiliger beleggings aangesien mense gesondheidsorg nodig het, ongeag hul finansiële situasie, maar baie gesondheidsorgaandele, veral biotegnologie, word as riskanter beskou omdat hulle klein is en dikwels gefokus is op een "maak dit of breek dit" produk. Maatskappye in hierdie sektor sluit in Johnson & Johnson (JNJ), Kaiser Inc. (KGHI) en Biogen (BIIB).

Eiendom

Die eiendomsektor bestaan uit maatskappye wat in alle soorte vaste eiendom belê of bestuur. Hierdie maatskappye maak die meeste van hul geld uit huurinkomste en kapitaalwaardering uit hul besittings, en as gevolg hiervan beweeg die sektor en sy aandele oor die algemeen met rentekoerse. Maatskappye in die eiendomsektor sluit in Host Hotels & Resorts Inc. (HST) en CBRE Group (CBRE).

Nywerheid

Nywerheidsondernemings bestaan uit lugvaart-, masjinerie-, verdedigings-, konstruksie-, vervaardigings- en vervaardigingsondernemings. Industriële maatskappye groei en val saam met 'n vraag na hul produkte. Gewilde industriële aandele sluit in Honeywell (HON), Ametek (AME) en Xylem (XYL).

Telekommunikasie

Telekommunikasiemaatskappye sluit kabelmaatskappye, internetdiens- en draadlose verskaffers, satellietmaatskappye en meer in. Aangesien die meeste mense herhalende betalings vir hul internet en ander dienste betaal en nie geneig is om te verander nie, is die bedryf gewoonlik konsekwent in verdienste en groei. Weet net dat vinnige verandering uit die niet kan kom, soos met PG&E Inc. (PCG), 'n gas- en elektrisiteitsverskaffer wat van gesond na bankrot gegaan het nadat hy miljarde gedagvaar is vir skade wat verband hou met veldbrande in Kalifornië. Verizon (VZ), AT&T (T) en Sprint Corporation (S) is van die grootste maatskappye in die sektor.

Materiaal

Materiaalvoorrade bestaan uit raffinerings-, chemiese, bosbou- en mynmaatskappye, saam met enige ander ontwikkelaar van grondstowwe. Hierdie maatskappye styg en val oor die algemeen met die ekonomie as gevolg van hul benarde posisie aan die onderkant van die voorsieningsketting. Materiële maatskappye sluit in Ecolab Inc. (ECL) en DuPont de Nemours Inc. (DD).

Tipes beleggings

Daar is baie soorte beleggings wat verder gaan as die basiese koop en verkoop van 'n aandeel. Hierdie afdeling bevat die gewildste metodes, waarvan daar baie is, maar verstaan dat die koop en verkoop van aandele, onderlinge fondse en indeksfondse alles is wat u ten minste die eerste jaar van belegging moet doen. Volg slegs ander metodes sodra u gemaklik is met die basiese beginsels.

Aandele

Aandele is die mees basiese vorm van belegging in die aandelemark. Wanneer jy 'n voorraad koop, koop jy 'n baie klein stukkie van daardie maatskappy. Byvoorbeeld, as Amazon 100 miljoen aandele van sy maatskappy beskikbaar het en jy koop een aandeel, besit jy nou 0.000000001% van Amazon. Vir daardie aandeel om in waarde te verhoog, moet mense bereid wees om meer vir die voorraad te betaal as wat jy daarvoor betaal het. As u byvoorbeeld die 1 aandeel van Amazon teen $ 100 gekoop het en die aandeel $ 150 beloop, kan u dit verkoop en $ 50 wins maak. Sommige aandele kan ook dividende bied. Dividende is wanneer maatskappye jou betaal vir die besit van aandele van hul aandele. As ek byvoorbeeld een aandeel van Johnson & Johnson teen $ 140 gekoop het, kan hulle my elke kwartaal 50 sent betaal, of $ 2.00 per jaar vir die besit van die aandeel. Dividende is 'n veilige manier om geld te verdien wat baie mense gebruik om 'n stabiele inkomstebron vir hulself te skep.

Onderlinge fondse

Onderlinge fondse en indeksfondse (verkieslik indeksfondse as gevolg van laer fooie) is die enigste ander opsie waarin ek voorstel om onmiddellik te belê nadat u 'n rekening oopgemaak het vanweë hul stabiliteit en eenvoud. Onderlinge fondse stel u in staat om in 'n diverse groep aandele te belê in 'n portefeulje wat deur 'n professionele fondsbestuurder bestuur word. Stel jou dit so voor: kom ons sê jy wil Apple-, Amazon- en Microsoft-voorraad koop. Elk van die aandele verhandel teen $ 100, maar u het slegs $ 50 dollar om te belê. Jy kan dan 'n onderlinge fonds soek waarin die fondsbestuurder 6 mense net soos jy vind. Gesamentlik het die 6 mense die $ 300 wat nodig is om in al 3 maatskappye te belê. U belê elkeen u $ 50, en dan besit u 'n bietjie (minder as een aandeel) van elk van die ondernemings. Dit is hoe onderlinge fondse werk, hoewel die meeste op 'n baie groter skaal is. Byvoorbeeld, 'n onderlinge fonds kan die top 500 maatskappye op die mark insluit. Dink daaraan dat dit in baie aandele met aansienlik minder kapitaal kan belê as wat dit andersins sou neem. Onderlinge fondse word as veilige beleggings beskou as gevolg van hul lae wisselvalligheid en bestendige groei.

Indeks Fondse

'n Indeksfonds is 'n onderlinge fonds; met die enigste verskil is dat indeksfondse nie aktief bestuur word nie. Twee van die gewildste fondse in die VSA is die Fidelity ZERO Large Cap Index en Schwab se S&P 500 indeksfondse. Indeksfondse is histories goeie beleggings en as gevolg van hul gewildheid hou indeksfondse meer as $ 4 triljoen in bates en beslaan 14% van die Amerikaanse aandelemark.

REIT

'N REIT, wat eiendomsbeleggingstrust beteken, is 'n maatskappy wat inkomsteproduserende (residensiële of kommersiële) vaste eiendom bedryf, besit of finansier. 'N REIT sal 'n portefeulje van baie eiendomme besit, nie net een nie, en honderde REIT's word op die mark gelys. As 'n belegging is REIT's histories uiters wisselvallig.

Kortbroek

Kortverkope, bekend as die korting van 'n aandeel, is die alternatief vir die koop van voorraad. As u aandele koop, wed u dat die aandeelprys van die onderneming sal styg. As u 'n voorraad kort, wed u dat die voorraad sal daal. Korting is 'n riskante belegging as gevolg van die potensieel groot verliese wat dit kan meebring, maar sodra jy genoeg ervaar is en ekstra geld het, is dit wonderlik om dit uit te probeer en te leer.

Opsies

Baie mense vind opsies intimiderend, maar as die tyd geneem word om daaroor te leer, is dit 'n goeie manier om die risiko van beleggings te verminder. Trouens, jy gebruik heeltyd opsies in jou daaglikse lewe. Dink aan 'n opsie as om 'n koepon te kry om 'n pizza vir $ 10 by u gunsteling restaurant te koop. Die koepon sal oor 6 maande verval. Gestel jy gaan na die pizzarestaurant en die pizza word vir $12 verkoop. Miskien wil u dan u koepon gebruik, maar as die pizzarestaurant nou pizzas vir $ 8 stuk verkoop, wil u dalk die koepon vashou totdat die prys hoër is en u afslag kan kry. Dit is presies wat werklike opsies doen. Opsies gee u die reg om binne 'n sekere tydperk 'n aandeel teen 'n gegewe prys te koop of te verkoop.

U kan byvoorbeeld 'n opsie koop vir 100 aandele van Apple teen $ 100. As die aandeel tot $ 150 styg, kan u die bestelling uitvoer en die 100 aandele vir $ 100 koop. Sodra u gekoop het, kan u die aandele wat u gekoop het onmiddellik teen $ 100 vir $ 150 verkoop en $ 50 per aandeel verdien. Daar is twee soorte opsies: Oproepopsies en Put-opsies. Oproepopsies gee u die reg om 'n aandeel teen 'n gegewe prys te koop, terwyl Putopsies u die reg gee om 'n aandeel teen 'n gegewe prys te verkoop. As u byvoorbeeld 'n Put-opsie vir 100 aandele van Apple teen $ 200 koop en die aandeel tot $ 150 daal, mag u die aandele teen $ 200 verkoop, alhoewel die aandeel slegs $ 150 beloop. Opsies word baie ingewikkelder as dit en E * TRADE het tutoriaalvideo's wat baie dieper in die onderwerp delf. Besoek die hulpbronne-afdeling in Deel VI vir skakels na E * TRADE se inhoud.

Hoe om die grondbeginsels te verstaan

As u 'n paar van die belangrikste statistieke en getalle verstaan van wat die grondbeginsels van 'n onderneming vorm, kan dit u kanse om goeie beleggings te maak, aansienlik verhoog. U kan die volgende inligting vir 'n aandeel op alle groot aanlynbeleggingswebwerwe vind, gewoonlik op die opsommingsblad. Om hierdie inligting gratis te vind, besoek finance.yahoo.com. In die volgende afdeling fokus ons op die tien belangrikste fundamentele maatstawwe om u te help om 'n onderneming te verstaan.

Die Groot Tien

1. Oop 2. 52-week reeks 3.
   Gemiddelde volume 4. EPS 5.
   P/E 6. Volgende Verdienste Datum 7.
   Markkapitalisasie 8. Aandele uitstaande 9.
   Beta 10. Dividend opbrengs

Oop

Die oop prys van 'n aandeel is die prys waarteen die aandeel vir 'n dag oopgemaak het. Apple verhandel byvoorbeeld teen $ 350, maar die oop prys kan $ 345 wees. Die oop prys kan help om die wisselvalligheid van 'n aandeel en die beweging van die mark te bepaal sonder om na 'n grafiek te kyk.

52-week reeks

Hierdie maatstaf vertoon die reeks waarin 'n aandeel die afgelope jaar verhandel het. Byvoorbeeld, gedurende die afgelope jaar, as 'n aandeel in September 'n laagtepunt van $ 4,00 bereik het en in November 'n hoogtepunt van $ 6,00 bereik het, sou die reeks van 52 weke $ 4,00 - $ 6,00 wees. Die reeks van 52 weke van 'n voorraad kan help om die hoeveelheid groei wat die voorraad gehad het te bepaal en of dit die regte tyd is om te koop. 'N Aandeel wat teen $ 55.00 verhandel en 'n reeks van 52 weke van $ 20 tot $ 60 het, is miskien nie 'n goeie belegging nie, want die aandeel het in die jaar reeds byna verdriedubbel. Net so kan dit 'n slegte beleggingsbesluit wees om 'n aandeel te koop wat in waarde gehalveer is en naby die lae punt van sy reeks van 52 weke verhandel. Gebruik gewoonlik hierdie instrument om seker te maak dat die voorraad waarin u wil belê, ruimte het om te groei terwyl u nie in die stortingsterrein is nie.

Gemiddelde volume

Die volume van 'n aandeel, soos u kan onthou, is die aantal kere wat 'n aandeel verhandel is. Die gemiddelde volume toon bloot die gemiddelde hoeveelheid kere wat 'n aandeel binne 'n bepaalde tyd verhandel is, gewoonlik 10 dae.

EPS

EPS, of verdienste per aandeel, bereken 'n maatskappy se wins gedeel deur die aantal totale aandele wat 'n maatskappy vir sy aandele aanbied. Die gevolglike verhouding dien as 'n aanduiding van die winsgewendheid van die onderneming. Hoe hoër die EPS, hoe beter, sluit egter nie 'n maatskappy uit bloot op grond van sy EPS nie, want die EPS neem nie die gesondheid en situasie van 'n maatskappy in ag nie, net sy voorraad.

P/E-verhouding

P/E staan vir prys-tot-verdienste. 'n P/E-verhouding vergelyk 'n aandeel se aandeelprys met die hoeveelheid geld wat die maatskappy per aandeel maak. Laat ons byvoorbeeld Tesla (TSLA) gebruik. Gestel TSLA verhandel teen $ 800 en verdien $ 80 per aandeel. 800 (die prys) ÷ 80 (die verdienste per aandeel, of EPS) = 10. Daarom sal Tesla 'n P/E-verhouding van 10 hê. Terwyl P/E-verhoudings per bedryf en sektor verskil, is 'n baie hoë P/E-verhouding of 'n baie lae P/E-verhouding oor die algemeen nie goed nie. Hou egter in gedagte dat klein opstart, wat moontlik groot groeipotensiaal kan hê, maar nie geld verdien nie, gewoonlik lae P / E-verhoudings het en dus uitsonderings op die reël is. Moenie 'n aandeel beoordeel slegs op grond van sy P/E-verhouding nie; Hou dit net in gedagte as 'n faktor om in ag te neem.

Volgende Verdienste Datum

Volgende verdienstedatum, of verdienstedatum, verwys na die volgende datum waarop 'n maatskappy kwartaallikse verdienste rapporteer. Verwys na die basiese bepalingsafdeling vir inligting oor kwartale en verdienste.

Markkapitalisasie

Die markkapitalisasie (verwys na die terme afdeling vir 'n definisie) bepaal die grootte van 'n maatskappy. Oor die algemeen, hoe kleiner 'n maatskappy is, hoe riskanter is die belegging omdat die maatskappy 'n groter kans het om uit besigheid te gaan.

Aandele uitstaande

Wanneer 'n maatskappy die eerste keer op die mark genoteer word, reik daardie maatskappy 'n totale aantal aandele van sy aandele uit vir beleggers om te besit en te verhandel. Die getal, die totale hoeveelheid aandele in 'n maatskappy, word die uitstaande aandele genoem. Maatskappye kan aandele byvoeg of terugkoop om die totale aantal aandele op die mark te verhoog of te verminder.

Beta

Die beta van 'n aandeel verteenwoordig daardie aandeel se wisselvalligheid in verhouding tot die mark. Enige getal onder 1 beteken dat 'n gegewe aandeel minder wisselvallig is as die mark, terwyl enigiets ouer as 1 beteken dat 'n gegewe aandeel meer wisselvallig is as die algehele mark. Die beta-nommer is 'n goeie aanduiding van die wisselvalligheid en dus (tipies, maar nie altyd nie) die risiko van 'n voorraad.

Dividend opbrengs

Soos omskryf in die terme-afdeling, verteenwoordig 'n dividendopbrengs die persentasie van 'n aandeelprys wat jy elke jaar in dividende verdien. Oor die algemeen is aandele met stabiele dividende veiliger as aandele sonder dividende. 'N Dividend beteken basies dat 'n maatskappy jou betaal om hul aandele te besit en enige maatskappy wat dit kan bekostig om 'n dividend te betaal, selfs 'n klein een, is minder geneig om uit besigheid te gaan of te crash. Die nadeel is dat groot maatskappye met dividende waarskynlik stadige groeiers sal wees en minder potensiële voordeel as klein maatskappye het. Die dividendnorm vir groot maatskappye is 1% tot 3%.

Dit sluit die groot tien fundamentele maatstawwe van 'n maatskappy af. Hierdie sleutelmaatstawwe lê die grondslag om 'n diepgaande kennis van 'n onderneming en sy voorraad te ontwikkel.

Verstaan verdienste

Ter herinnering word verdiensteverslae kwartaalliks deur 'n maatskappy uitgereik om insig in prestasie te gee. Verdienste, beide goed en sleg, kan 'n groot impak op 'n aandeelprys hê, en om die basiese beginsels van 'n kwartaallikse verdiensteverslag te verstaan, is van onskatbare waarde in die keuse van goeie beleggings. Maatskappye word wetlik verplig om 'n kwartaallikse verslag in te dien, waarvan die volgende die nuttigste inligting vir beleggers bevat. Die volgende dokumente is gesamentlik deel van 'n maatskappy se finansiële state.

o Inkomstestaat

o Balansstaat

o Kontantvloeistaat o
V&A en voorspellings

Inkomste Staat

'N Inkomstestaat toon die inkomste, uitgawes en wins van 'n onderneming. Elke kategorie (inkomste, uitgawes en winste) word in onderafdelings opgedeel. Inkomste toon die totale inkomste sowel as die koste van goedere verkoop (COGS) en die bruto wins. Al die nommers op 'n inkomstestaat, sowel as op al die dokumente in hierdie afdeling, is gewoonlik in miljoene, nie duisende nie. Die uitgawesafdeling moet alle uitgawes toon, van bemarking tot salarisse en versekering. Laastens sal die belasting en dan winste vertoon word. Inkomstestate is 'n goeie vinnige manier om 'n maatskappy se finansiële situasie te assesseer.

Balansstaat

Balansstate openbaar die bates, laste en die eienaar se ekwiteit van 'n maatskappy. Die belangrikste inligting lê in die afdelings bates en laste. Die bates-afdeling verdeel al die bates wat 'n maatskappy besit. Een groot batetipe word bedryfsbates genoem. Bedryfsbates, bestaande uit kontant- en korttermynbeleggings (ook bekend as kontant- en kontantekwivalente), voorraad en debiteure is enige bates wat maklik verkoop of in kontant omgeskakel kan word. 'N Ander batetipe word langtermynbates genoem, of nie-bedryfsbates. Langtermynbates kan masjinerie, toerusting, grond en patente insluit; alle bates wat moeilik is om vinnig te likwideer. Trek die bedryfsbates van die totale bates af om die langtermynbates te vind.

Dit dek bates; Volgende op 'n balansstaat is laste (of skuld wat verskuldig is). Soek totale bedryfslaste (wat laste is wat binne een jaar betaal moet word) en langtermynskuld (soms bekend as langtermynlaste). Langtermynskuld dek enige laste wat ten minste een jaar of langer vanaf die datum van die verslag ten volle betaal moet word. Totale laste sal al die huidige en langtermynlaste in een nommer kombineer. Let daarop of 'n maatskappy binne die laaste paar jaar van 'n verslag laste afbetaal en by sy bates gevoeg het. Gesamentlik help hierdie getalle u om die belangrike statistieke op 'n balansstaat te verstaan en te gebruik.

Kontantvloeistaat

'n Kontantvloeistaat bestaan uit die bedrag kontant en kontantekwivalente (kontantekwivalente is bates wat maklik is om te likwideer) wat deur 'n maatskappy beweeg. 'n Kontantvloeistaat bestaan uit drie dele: Kontant uit die bedryf, kontant uit belegging en kontant uit finansiering. Kontant uit die bedryf is enige kontant wat uit die besigheid se produkte of dienste gemaak word. Kontant uit belegging bestaan uit kontantvloei uit die bates en beleggings van 'n maatskappy. Kontant uit finansiering dek geld van beleggers en banke, sowel as dividende en aandele terugkoop. Gebruik gewoonlik die kontantvloeistaat om te bepaal of 'n maatskappy kontant verdien of verloor, asook of 'n maatskappy geld insamel deur skuld of deur inkomste.

As 'n kantaantekening is kontantvloei 'n baie belangrike finansiële les vir enige persoon wat later in sy lewe finansieel vry wil wees. Om meer te lees oor kontantvloei en hoe dit jou lewe beïnvloed, asook die tipe beleggings wat jy buite die aandelemark moet maak, lees gerus die Robert Kiyosaki-boeke in die hulpbronne-afdeling.

V&A en voorspellings

Maatskappye sal gewoonlik voorspellings maak vir die komende kwartaal of jaar tydens 'n verdiensteverslag. Hierdie voorspellings sal waarskynlik 'n aandeelprys beïnvloed, gebaseer op die vraag of die maatskappy voorspel dat dit goed sal presteer. Behalwe voorspellings, sal verdienste gewoonlik 'n V&A-afdeling bevat waar ontleders vrae kan vra. Hierdie vrae en vrae toon dikwels belangrike inligting oor die onderneming wat andersins nie bekend gemaak sou word nie. Gebruik hierdie twee kategorieë in die algemeen as 'n bron van verdere inligting oor die toekomstige potensiaal van die voorraad.

Hoe vind ek hierdie inligting?

Verdien oproepe, sowel as finansiële dokumente, is publiek beskikbaar en nie moeilik om toegang tot te verkry nie. Om finansiële sowel as finansiële state gratis te sien, gebruik enige van die volgende webwerwe:

- **Amerikaanse sekuriteite- en uitruilkommissie** o

  Hatps://vv.sec.gov/edgar.shtammal
- **Yahoo! Finansies** o
  Finance.yahoo.com
- **Google Finance** oor
  finance.google.com

Soos hierbo genoem, is die maatskappy se verdienste-oproepe gewoonlik publiek beskikbaar. Baie maatskappye bied 'n telefoonnommer aan wat verkry kan word om regstreeks te luister terwyl hulle hul kwartaallikse verslae lewer. Om regstreeks na 'n kwartaallikse verslag te luister, is 'n wonderlike ervaring en is beslis iets wat jy moet probeer. Kies net jou gunsteling maatskappy en besoek hul webwerf. Al die inligting wat u benodig, moet onder 'n oortjie genaamd "Beleggers" of iets dergeliks wees. Trouens, baie maatskappye vertoon ook hul finansiële state op hul webwerf saam met persverklarings en nuus.

Teen hierdie tyd moet u die belangrikste getalle wat in 'n kwartaallikse verslag vrygestel is, verstaan. Om verder in die wêreld van verdienste te delf, besoek die hulpbronne-afdeling, en jy het nou Deel III: Aandelemarkgeletterdheid voltooi. Daar is werklik 'n hele wêreld van aandelemarkbelegging gevul met meer as wat in hierdie boek kan pas, maar die basisse moet gedek word. Trouens, jy het dalk 'n paar woorde of terme gehoor wat nie gedek is nie. As u enige het, neem 'n oomblik om dit te onthou en skryf dit neer:

_____   _____

_____   _____

_____   _____

_____   _____

Op hierdie punt moet u al die basiese maatstawwe en terme wat algemeen gebruik word, kan verstaan. Hierdie inligting sal die grondslag lê vir die keuse van goeie aandele. Die tweede deel van die keuse van goeie beleggings is egter in die ontwikkeling van 'n strategie wat by jou doelwitte en lewenstyl pas.

Deel IV: Aandelemarkstrategie vir tieners

Die ontwikkeling van 'n kernstrategie en die dissipline om daarby te hou, is instrumenteel in belegging. Verskillende strategieë pas by verskillende mense en om jou perfekte strategie te vind is die volgende stap in die proses om 'n suksesvolle belegger te word. Die keuse van 'n strategie begin by die persoon. Byvoorbeeld, 'n middeljarige persoon met 'n gesin om voor voorsiening te maak, sal meer geneig wees om in veilige dividendbetalende aandele te belê. 'N Jong en ambisieuse belegger kan egter belangstel in 'n riskanter portefeulje wat moontlik meer opwaarts kan wees.

Nou wil ek hê jy moet 'n oomblik neem en jouself afvra wat jou doel is om te belê; Stel u net belang om meer te wete te kom oor die aandelemark? Is u op soek na ekstra kontant? Wil u 'n multimiljoenêr word deur aandele? Sodra jy jou antwoord het, dink aan watter tipe belegging jou die beste sal dien. Hier is verskeie faktore om in gedagte te hou, asook die aanbevole strategie om as tiener te belê.

As 'n reël om jonk te belê, dink langtermyn. Die groot (en winsgewende) ding om op 'n vroeë ouderdom te belê, is dat jou geld dekades het om te groei. U hoef nie groot risiko's te neem nie, want (onthou saamgestelde rente) u geld sal mettertyd eksponensieel toeneem. As u 8% wins per jaar kan verdien (histories laag vir die mark), sal elke $ 100 wat u belê binne 50 jaar net minder as $ 5,000 werd wees. As u goed belê en 10% per jaar verdien, sal die $ 100 wat belê is, binne 50 jaar $ 11,739 word. U kan dit self op 'n sakrekenaar vir saamgestelde rente nagaan. My gunsteling saamgestelde rente sakrekenaar is Moneychimp se sakrekenaar. U kan dit nagaan op hierdie skakel:

http://www.moneychimp.com/calculator/compound_interest_calculator.htm

Ongelukkig is 50 jaar 'n lang tyd. U moet egter verstaan dat om geduldig te wees en slim te wees finansiële sekuriteit kan bied wat min gelukkig genoeg is om te hê. Dit is nie die moeite werd om groot stukke van u portefeulje op riskante beleggings te waag om 'n ekstra 10% te verdien nie, terwyl u geld mettertyd 50x, 80x of selfs 100x self kan doen.

Op grond van hierdie denke beveel ek aan dat tieners die lang speletjie speel as hulle werklik belangstel in aandele en later in die lewe finansiële vryheid het. 'N Langtermyn-aandelemarkstrategie sal tipies grootkapitalisasie-, waarde- en dividendbetalende aandele insluit, asook 'n paar groeiaandele en indeks- of onderlinge fondse. Groeiaandele sal waarskynlik deur periodes van hoë groei gaan en die koop en verkoop van daardie aandele moet dienooreenkomstig uitgevoer word. Alhoewel baie waarde-aandele stadig groei en nie veel aandag nodig het nie, moet u geld in groeivoorrade plaas, sodat u meer in die mark kan betrokke raak en ekstra geld kan verdien.

Jy hoef geensins hierdie strategie te volg nie, en as jy eerder iets anders met jou winste wil doen as om te herbelê, soos om jou leefstyl te finansier, is dit goed, verstaan net wat jy opoffer. As dit vir jou die moeite werd is, gaan dan voort en doen dit. Verder, as 'n langtermynstrategie nie by jou styl pas nie, probeer net iets anders. 'n Langtermyn-, waarde-/groeivoorraad- en indeks-/onderlinge fondsbeleggingstrategie word aanbeveel omdat dit histories tot die hoogste opbrengs gelei het en vir die meeste mense goed pas, maar daar moet klem gelê word op "die meeste".

Ek persoonlik hou daarvan om in klein en opkomende aandele te belê. Ek het aandele dubbel of drievoudig gesien (kyk na die werklike voorbeelde in Deel V), maar ook halveer. Om aktief te bly om te belê en dit pret te hou, inkorporeer ek belegging in daardie opkomende maatskappye in my strategie. Alhoewel handel met 'n langtermyn ingesteldheid vir tieners aanbeveel word, moet u verstaan dat dit weens u ouderdom heeltemal goed is om geld in riskante beleggings te plaas. Maak egter seker dat jy reëls het. Ek belê slegs 25% van die geld (per handel) wat ek andersins in riskante aandele sou hê (byvoorbeeld $ 1000 in 'n relatief veilige voorraad en $ 250 in 'n opkomende voorraad) en as ek 10% laer is, verkoop ek onmiddellik, ongeag die voorkant. Alhoewel dit my ernstige winste gekos het, het dit my geld bespaar van ewe ernstige verliese. Hierdie reëls laat my geld veilig groei terwyl ek pret het en ekstra wins aan die kant neem.

Noudat u 'n algehele strategie ontwikkel het en u die tegniese aspekte van aandele verstaan, is dit tyd om te duik in die keuse van goeie beleggings wat aangepas is vir u algehele aandelemarkstrategie. Byvoorbeeld, iemand met 'n langtermynoriëntasie wat wil "belê en vergeet", sal fokus op indeksfondse, onderlinge fondse en stadig groeiende bluechip-aandele. Om hierdie maatskappye te vind, beveel ek gewoonlik twee roetes aan wat gelyktydig gebruik kan word. Eerstens, soos uiteengesit in die boek, *One Up On Wall Street* deur Peter Lynch, kyk om jou rond. Om tendense en produkte raak te sien voordat dit warm aandele word, is 'n goeie metode solank potensiële beleggings deeglik nagevors word. Baie groot maatskappye sal egter nooit jou ligging bereik nie, so die tweede metode om wonderlike maatskappye te vind, is deur middel van 'n aandeleskermer. As jy reeds vir 'n aanlyn-handelsplatform aangemeld het, is die kans goed dat jy reeds toegang tot een het.

Indien nie, is verskeie gratis alternatiewe beskikbaar. Hier is 'n paar van die beste:

- o HTTPS://Finance.yahoo.com/Screener
- o https://www.tradingview.com/screener

Voorraadskermers laat jou basies toe om filters te gebruik om deur die duisende aandele daar buite te sorteer en aandele te vind wat by jou beleggingstrategie pas. Kom ons gaan deur die voorraadskermproses deur sommige van die filters te identifiseer wat ek kan stel as ek op soek was na 'n klein, wisselvallige onderneming met potensieel goeie opwaartse beweging om in te belê:

Markkapitalisasie: mikrokap en klein pet
Prys: Groter as $ 1, minder as $ 50 (probeer om weg te bly van aandele onder $ 1)
Sektor: Alle **industrie:** Almal
Prysverandering: Groter as 10% gedurende die afgelope 30 dae (op of af: dui op wisselvalligheid)
Prysprestasie teenoor die S&P: 20% - 40% gedurende die afgelope 52 weke
(dit lei tot aandele wat die mark klop)
P / E-verhouding: Bogemiddelde in die bedryf
Binne: 10% van sy hoogtepunt van 52 weke (dit beteken dat 'n voorraad naby sy hoogtepunt vir die jaar is en nie gedaal het nie)
Jaarlikse inkomstegroei: 25% - 50% en >50% **EPS-groei:** positiewe verandering

As ek die presiese filters in 'n voorraadskermer aansluit (ek gebruik E * TRADE's), voldoen hierdie 15 maatskappye aan die kriteria:

 ATAX - Amerika Eerste Multifamilie Beleggers LP
 ACLS - Axcelis Technologies Inc.
 DHT - DHT Holdings Inc

VERDIEN - Ellington residensiële verband REIT
EBMS - Eerste Bancshares Inc
FCPT - Four Corners Property Trust Inc
GMRE - Wêreldwye Mediese REIT Inc
HTHT - Huazhue Groep Bpk (ADR)
KRNT - Kornit Digital Ltd
KLIC - Kulicke en Soffa Industries Inc.
OFG- OFG Bancorp RWT -
Redwood Trust, Inc.
SASR - Sandy Spring Bancorp Inc.
TPVG – Triplepoint Venture Growth BDC Corp
VCTR - Victory Capital Holdings Inc

Uit die 15 aandele wat aan my kriteria voldoen het, kan ek nou die sektore ondersoek. Ek wil nie in REIT's belê nie (want rentekoerse kan af wees), sodat ek dit van die lys kan verwyder. Ek wil nie in Oil & Gas belê nie (want die olieprys kan af wees), sodat ek DHT Holdings Inc kan verwyder. Bankdienste is dalk nie warm nie, so Sandy Spring Bancorp Inc., OFG Bancorp, America First Multifamily Investors LP en First Bancshares Inc. is uit. TPVG en VCTR, beleggingsmaatskappye, is ook uit. Die resultate is die volgende aandele:

Kornit Digital Ltd. (KRNT)
Kulicke en Soffa Industries Inc. (KLIC)
HUD Groep Bpk. (HD)

Axcelis Technologies Inc. (ACLS)

Soos u kan sien, het 'n voorraadskermer my toegelaat om van duisende potensiële maatskappye tot 4 te gaan wat perfek by my kriteria pas. Aandeleskermers is 'n uitstekende manier om goeie beleggings te vind, en die filters wat gebruik is, was net die basiese beginsels. Tientalle ander kriteria en filters kan toegepas word, dus neem tyd om rond te speel en te kyk waarmee u vorendag kom.

Wat om te doen as alles afgaan

Ongelukkig gaan nie alles heeltyd op nie. As 'n regstelling of ineenstorting plaasvind, kan die hele mark afwaarts beweeg. As u weet wat u gedurende hierdie tye moet doen, kan u nie net geld bespaar nie, maar ook geld verdien.

Eerstens, verstaan dat beermarkte en regstellings histories korttermyn is. Basies, tydens die meeste beermarkte deur die geskiedenis, kan jy 'n ongeluk heeltemal ignoreer en jou portefeulje sal binne 5 jaar herstel word. Daarom is die beste opsie om geld te verdien terwyl aandele daal, om u belangrike beleggings te hou, kontant in te samel en die beste aanbiedings so na as moontlik aan die laagtepunt van die mark te koop.

Om uit te brei, verkoop aandele wat die stadigste sal herstel of die verste sal val; koop dan aandele naby hul laagtepunt wat die verste gedaal het en waarskynlik die vinnigste sal herstel. Byvoorbeeld, tydens die ongeluk in 2020 het ek Tesla (TSLA) swaar gekoop rondom sy $350 laagtepunt en tot $550, want ek is seker Tesla se voorraad sal binne 5 jaar na die ongeluk naby $1000 hoog wees. Aan die ander kant verkoop ek 'n aandeel soos Johnson & Johnson (JNJ), wat oor die algemeen resessiebestand is en nie veel sal beweeg nie. Op hierdie manier kan ek 'n afswaai in die mark tot my voordeel gebruik en miskien selfs wins maak. Hierdie metode wed op die mark herstel relatief vinnig, terwyl 'n ekonomiese depressie 'n ander storie sou wees. Weet ook dat dit goed is om aandele te hou wat nie veel soos J&J sal beweeg as jy genoeg kontant het om enige geleenthede te benut nie.

Om die aandele te identifiseer wat die hoogste sal herstel, moet jy eers die aandele identifiseer wat die meeste waarde verloor het bloot omdat die mark gedaal het; nie as gevolg van 'n werklike sakekwessie wat verband hou met die oorsaak van die ongeluk of regstelling nie. Tesla het byvoorbeeld meer as 60% van sy waarde verloor en gedurende 2020 van ongeveer $950 tot 'n laagtepunt van $350 gedaal. Terselfdertyd het Carnival (CCL), 'n cruise-toeroperateur, van 'n hoogtepunt van ongeveer $50 tot net minder as $10 gedaal, wat 'n vermindering van 80% in aandeelwaarde tot gevolg gehad het. Alhoewel Carnival in teenstelling met Tesla na 'n beter ooreenkoms lyk, word Carnival baie meer geraak deur die kernoorsaak van die ongeluk as wat Tesla is. As gevolg hiervan, kan dit beter wees om Tesla te koop omdat Tesla waarskynlik vinniger sal herstel.

Die vraag is dan: Wanneer om te koop? Die belangrikste raad om te onthou is dat dit goed is om nie die onderkant van 'n ongeluk perfek te tyd nie. Dit is beter om Tesla teen $ 500 te koop en dit na $ 900 te ry as om te probeer, maar versuim om dit teen $ 300 te koop en die wins mis te loop. As u 5% - 10% afslag op die laagtepunt van 'n mark koop, sal dit binne 'n paar jaar steeds groter winste tot gevolg hê as om glad nie te koop nie. Volgens my ervaring is dit ietwat maklik om te sien wanneer die ergste ongeluk verby is, soos nadat 'n daling van 30% in een week plaasgevind het. Selfs as die mark nog 10% kan verloor nadat dit 30% gedaal het, sal koop steeds binne die aanbevole 5% - 10% inkoop van 'n laagtepunt tydens 'n ongeluk of regstelling val. Om dit op te som, bly net kalm en moenie emosioneel wees nie. Die advies hierbo sal histories die meeste wins maak tydens 'n ongeluk of regstelling, maar elke situasie is anders, so jy sal dalk jou eie besluite moet neem op grond van jou unieke omstandighede. Ten slotte, onthou dit: niks, nie 'n bulmark of 'n beermark, duur vir ewig nie.

Voordat jy verder gaan, neem 'n minuut om die algehele handelstyl en strategie op te som wat jy dink die beste vir jou, jou situasie en jou persoonlikheid sal werk.

Behalwe om 'n algehele strategie vir u geld te ontwikkel, is dit belangrik om 'n paar fundamentele reëls, konsepte en strategieë te verstaan wat bepaal wanneer u moet koop en wanneer u aandele moet verkoop, begin met die reël van teenoorgesteldes.

Die reël van teenoorgesteldes

Die reël van teenoorgesteldes is die idee dat 'n slim belegger (in die meeste situasies) die teenoorgestelde van die mark sal doen. Dit geld slegs vir geld wat in korttermynbesit belê word, wat aandele is wat gekoop word met die doel om binne een jaar te verkoop. Basies bepaal die reël van teenoorgesteldes dat as die mark opbeweeg, 'n belegger geleidelik sal verkoop. As die mark daal, sal 'n belegger stadig koop. Onthou, markte wat opbeweeg, sal waarskynlik binne 5 jaar 'n regstelling ('n korttermyndip) ervaar. Dit volg op 'n eenvoudige logika: As almal geld verdien, kan dit nie hou nie. Dit is in 2008 bewys deur die ineenstorting van die huismark en die aandelemark daarmee. Die ekonomie kan nie onbepaald geld maak vir alle betrokke partye nie en daarom is regstellings en ineenstortings nodig. Histories gesproke het Amerikaanse aandelemarkte egter uiters lang bulmarkte gehad, met die mees onlangse een wat 11 jaar geduur het. Op grond hiervan sal 'n slim belegger nie alles of selfs die meeste van hul besittings tydens 'n wonderlike mark verkoop nie. Geld wat in dividendaandele belê is en aandele wat vir die langtermyn gekoop is, moet nie verkoop word nie. Aandele styg net omdat die mark styg, en riskante beleggings is goeie beleggings om stadig te verkoop namate 'n mark styg. Byvoorbeeld, vir elke 10% wat die mark opbeweeg, kan jy 5% van jou besittings verkoop en dit in kontant hou. As alternatief kan u eendag probeer handel dryf met sommige van die geld wat andersins in kontant gehou word.

Soos genoem, sal die mark nie altyd styg nie. Regstellings kan waarskynlik gebeur. Dalings in die mark moet egter nie as sleg gesien word nie. In plaas daarvan moet hulle beskou word as geleenthede om te koop. Binne die afgelope dekade het 32 beermarkte in die Amerikaanse mark voorgekom. Hulle kom gemiddeld elke 3 - 4 jaar voor en duur gemiddeld net meer as 1 jaar. Onthou, vir 'n langtermynbelegger is 1 jaar net 'n blip. Die meeste markte herstel vinnig van dalings en styg tot nog groter hoogtes. Op grond hiervan sal 'n slim belegger koop namate die mark daal. Byvoorbeeld, vir elke 5% gaan die mark af; Belê 10% van jou portefeulje (of 10% van jou kontant). Aangesien regstellings gemiddeld 13% van 'n mark se waarde verminder, kan 'n resessie van een jaar wat oor 'n tydperk van twee jaar herstel, daartoe lei dat 20% van 'n portefeulje 20% groter winste maak.

Verstaan die ekonomie

Dit is belangrik om goeie aandele en slegte aandele te verstaan om gedurende 'n spesifieke ekonomiese tydperk te koop. Tydens ekonomiese afswaai is aandele wat benodigdhede soos toiletpapier, klere, mediese voorrade (soos Band-Aids) en kos verkoop, die beste beleggings. Aandele soos hierdie sal dikwels tydens 'n regstelling styg. Voorbeelde is Johnson & Johnson (JNJ), 'n maatskappy wat fokus op mediese toestelle en farmaseutiese produkte, Ross Stores (ROST), 'n afslagklerehandelaar, en Walmart (WMT), 'n afslagwinkelketting.

Belê in tye van oorlog in maatskappye soos Lockheed Martin (LMT), General Dynamics (GD) en Northrop Grumman (NOC). Al hierdie maatskappye vervaardig verdedigingstoerusting en wapens. Tydens 'n oorlog bestee regerings miljarde aan kontrakte met maatskappye soos hierdie.

Tydens 'n florerende ekonomie, skuif 'n bietjie geld in aandele met 'n hoë groeipotensiaal. 'n Goeie ekonomie kan as veiligheidsnet dien en aandele dryf wat andersins nie so goed sou presteer nie.

So, kyk na die ekonomie rondom jou. Doen navorsing en bepaal watter aandele die meeste wins uit u land se situasie sal trek. Miskien wil u dit selfs oorweeg om in internasionale aandele te belê as u u navorsing gedoen het en vasgestel het dat 'n internasionale maatskappy 'n geleentheid is, miskien gebaseer op die ekonomiese situasie van sy land. Om dit op te som, let op u omgewing en tree daarvolgens op.

Sny verliese

'N Onfeilbare metode om te voorkom dat u geld verloor, is om reëls te hê oor wanneer u 'n aandeel moet verkoop as geld verlore gaan. Byvoorbeeld, ek het persoonlik 'n 10% reël. Elke keer as ek 'n aandeel koop, sal ek 'n onbepaalde verkooporder uitreik 10% onder die prys waarteen ek ingeskryf het. As die voorraad tenks, sny ek my verliese teen 10%. Ongelukkig kan hierdie truuk soms terugbrand. Aandele kan met 10% daal en dan na nuwe hoogtepunte herstel. Ek vind egter dat die 10%-reël meer verliese verhoed as die winste wat dit beskerm. As u in 'n aandeel glo en weet dat dit wisselvallig is, stel 'n verkooporder 20% laer of 30% in. Reëls soos hierdie is bloot goeie voorsorgmaatreëls om in plek te hê.

Moenie emosioneel wees nie

Alhoewel dit dalk nie juis 'n strategie is nie, is dit 'n baie belangrike reël om te volg. Belegging as gevolg van korttermyn emosie is byna altyd foutief. Moenie handel dryf op grond van een artikel, een dag of een druppel nie. As 'n emosionele koper sien dat hul gunsteling voorraad met 10% daal, kan hulle skrik en verkoop. 'N Slim en gedissiplineerde belegger sal egter die navorsing doen, ontdek dat die daling van 10% nie toekomstige prestasie moet beïnvloed nie, en meer aandele koop.

Sulke verskille tel mettertyd op. As u regtig nie wisselvalligheid in 'n aandeel kan verduur nie en weet dat u 'n emosionele belegger is, verander u algehele belegging

Strategie. Belê in aandele wat minder wisselvallig en bestand is teen afswaai. Diversifiseer jou portefeulje om die risiko van 'n afswaai in een segment wat 'n groot deel van jou portefeulje raak te verminder en hou altyd kontant byderhand om bekommernisse te verlig. Onthou net, probeer om nie soveel as moontlik emosioneel te handel nie.

Diversifiseer

Soos genoem, is spesifieke segmente, nywerhede of aandele soms onderhewig aan afswaai, selfs al is die hele mark nie. Op grond hiervan is dit belangrik om u portefeulje te diversifiseer om die risiko te verminder dat een spesifieke gebeurtenis 'n groot verlies veroorsaak. Byvoorbeeld, 'n portefeulje wat slegs in vulstasiemaatskappye belê word, kan groot treffers neem namate elektriese motors al hoe gewilder word. Maak seker dat jy die siklus van sektore ondersoek en diversifiseer op grond van daardie inligting. Belê in baie verskillende sektore, in maatskappye van verskillende grootte, en in maatskappye met verskillende vlakke van risiko. Diversifisering van jou portefeulje verminder risiko oor die hele linie en lei tot 'n baie meer stabiele portefeulje.

Pryse maak nie saak nie

'N Laaste les om te onthou en te oefen, is dat pryse nie saak maak nie. Te dikwels word aandele gekoop, of nie gekoop nie, gebaseer op sy aandeelprys.

U moet egter verstaan dat 'n aandeel van $ 10 en 'n aandeel van $ 1000 nie inherent beter of slegter is as mekaar nie, slegs gebaseer op prys. As gelyke bedrae geld ingesit word, sal dieselfde opbrengs gegenereer word. Laat ons byvoorbeeld sê dat 100 aandele van 'n $ 10-aandeel saam met 1 aandeel van 'n $ 1000-aandeel gekoop word. Die voorraad van $ 1000 kan $ 100 styg, terwyl die voorraad van $ 10 $ 1 kan styg. Ondanks die verskille in die aandeelprys, sou die waarde van die 100 aandele en die 1 aandeel dan albei $ 1100 wees. Dit beteken dat die prys nie saak maak nie, net die hoeveelheid geld wat belê word, maak saak. Trouens, die prys beteken niks van 'n aandeel op sigself nie en pryse word dikwels verander as gevolg van aandeleverdelings. As jy nie 'n duur voorraad kan bekostig nie, is dit goed, maar vir aandeelpryse wat jy kan bekostig, onthou dat die prys niks beteken nie. (Prettige feit: Een van Berkshire Hathaway se aandele, gelys as BRK. A, verhandel tans in die honderdduisende.)

Handel wat jy weet

'N Goeie reël om goeie beleggings te maak, is om te handel wat u weet en wat rondom u is. Vir 'n tiener is dit dalk die nuutste neiging op skool. Om tendense raak te sien voordat hulle hul klimaks bereik en belê in maatskappye wat munt slaan uit die neiging, kan 'n paar goeie keuses tot gevolg hê. Wees heeltyd oplettend vir nuwe produkte en idees rondom jou, soos by 'n werk, by die huis, 'n winkelsentrum of aanlyn. Gebruik jou spesifieke vaardighede en kennis om potensiële beleggings te identifiseer. As jy lief is vir speletjies en jy het gehoor 'n nuwe speletjie sal die spellandskap verander, vind die maatskappy wat daardie speletjie geskep het. Om te verhandel wat jy weet en tendense te vang voordat hulle hul stap bereik, kan groot winste oplewer. Soos voorheen genoem, word hierdie konsep verder geïllustreer in Peter Lynch se boek *One Up On Wall Street*.

Koop beskadigde aandele, nie beskadigde maatskappye nie

Die verskil tussen 'n beskadigde aandeel en 'n beskadigde maatskappy (krediet aan *The Street*) is die verskil tussen geld maak en verloor en dit is instrumenteel om die verskil te verstaan. Beskadigde maatskappye is maatskappye wat 'n langtermyntreffer op hul inkomste, reputasie of produkte gely het, en sal jare neem om te herstel. Beskadigde aandele is aandele wat geval het as gevolg van 'n gebeurtenis wat 'n korttermynimpak veroorsaak het of selfs as gevolg van iets wat heeltemal nie met die maatskappy verband hou nie. Byvoorbeeld, Chipotle het een keer onwetend 'n virus deur hul kos versprei. Dit het veroorsaak dat hul voorraad 'n groot knou gekry het en hul reputasie en verkope vernietig het. Op daardie stadium sou Chipotle 'n beskadigde maatskappy wees en nie 'n goeie belegging nie. Stel jou egter voor dat 'n bekende persoon Chipotle bestel het en 'n allergiese reaksie gehad het. Dié bekende persoon het voortgegaan om die maatskappy op sosiale media aan te val, wat 'n afname van 10% in die aandeelprys tot gevolg gehad het. In hierdie situasie, aangesien die allergiese reaksie geen probleme met die onderneming aandui nie, sou Chipotle 'n beskadigde aandeel wees en dus 'n goeie potensiële belegging. Gebruik hierdie reël om te bepaal of kwessies wat 'n maatskappy raak, dit 'n potensiële belegging maak.

Nee sou, moes, kon

Hierdie reël, met krediet wat weer na Jim Cramer en *The Street gaan*, bied 'n wenk oor hoe om gesond in die mark te bly. As 'n reël, bly weg van ooit sê sou, moes of kon. Aangesien soveel aandele op die mark verhandel, sal u altyd hoor van ongelooflike markverskuiwers en aandele wat binne 'n jaar met 30% of 500% gestyg het. U kan 'n aandeel verkoop wat in die volgende maand met 100% gestyg het. U kan 'n aandeel koop wat die week nadat u dit gekoop het, met 50% daal. Wat ook al gebeur, moet nooit sê "Ek moes dit verkoop het nie ..." of "As ek maar net vasgehou het ..." Om hierdie dinge te doen, lei tot 'n vernietigende en self-saboterende ingesteldheid. Verstaan dat transaksies oral is, en foute sal gemaak word. Gaan net saam vir die rit en moenie terugkyk nie.

Skryf nou twee of drie van u gunsteling idees en reëls uit die lys hierbo wat die meeste impak op u gehad het, sodat u dit nooit vergeet nie en dit maklik kan herbesoek:

Deel V: In die praktyk

Die eerste afdeling van Deel 5 bevat beide suksesvolle en onsuksesvolle werklike voorbeelde van aandelemarkverhandelings wat ek as tiener gemaak het. Maak seker dat u gedurende hierdie afdeling let op wat gewerk het en wat nie. Alle kaarte is op 'n tydperk van 1 jaar, tensy anders vermeld. Dus, eerstens: voorbeelde uit die werklike lewe.

Appel (AAPL)

Apple, die tegnologiemaatskappy wat ons almal ken en liefhet, het van sy beste jare in 2018 betree. Ek het hierdie maatskappy gekies om in te belê op grond van verskeie faktore. Eerstens het die maatskappy sterk grondbeginsels, sterk verdienste en sterk ontledervoorspellings gehad. Ek het ook opgemerk dat produkte soos die AirPods hul stap slaan in die skool waarheen ek gegaan het. Ek het gevoel die maatskappy is onderwaardeer en het teen $160 ingekoop. Ongeveer 'n jaar later het ek my posisie teen $ 280 en later $ 360 begin verkoop. Ek hou nog steeds die helfte van die oorspronklike belegging ten tyde van hierdie publikasie. Hierdie aandeel was vir my 'n wenner omdat noukeurige navorsing 'n onderwaardeerde maatskappy getoon het en is 'n herinnering dat groot maatskappye, selfs triljoen dollar maatskappye, in 'n kort tyd steeds groot groei kan hê. 1 jaar opdatering (2021): Apple het 'n 4-1 aandeleverdeling gedoen en ek handhaaf 'n wins van 200%.

Fortress Biotech (FBIO)

Fortress Biotech is 'n klein biotegnologiemaatskappy wat biotegnologie en farmaseutiese produkte identifiseer en ontwikkel. Toe ek dit gekoop het, het Fortress Biotech 'n pyplyn gehad (wat produkte in ontwikkeling beteken) gevul met baie belowende middels. Ek het die potensiaal erken en by $ 1.80 en $ 1.90 ingekoop. Alhoewel ek normaalweg nie so goedkoop in aandele belê nie, het FBIO geleidelik gegroei en was dit in 'n sterk posisie, anders as baie van sy eweknieë in pennieaandele. Minder as drie maande na die aankoop het ek my aandele teen $2.45 verkoop, wat 'n wins van meer as 30% verteenwoordig. Verder was die enigste rede waarom ek my pos verkoop het, ter voorbereiding van die koronavirus-veroorsaakte markongeluk van 2020. Kort daarna is die wisselvallige voorraad hard getref en tot $ 1.10 gedaal. Hou egter die reël in gedagte: Koop beskadigde aandele, nie beskadigde maatskappye nie. FBIO het meer as 50% verloor weens 'n ongeluk waarvan die kernoorsake geen impak op hul langtermynbesigheid gehad het nie. Daarom het ek 'n nog groter posisie gekoop as wat ek oorspronklik teen $ 1.10 besit het. Vanaf hierdie skrywe sluit FBIO op $ 4.00, wat meer as 'n wins van 385% bo die oorspronklike toegangspunt is. Vanaf hierdie tweede opdatering het ek sedertdien my hele posisie teen die 400% wins verkoop.

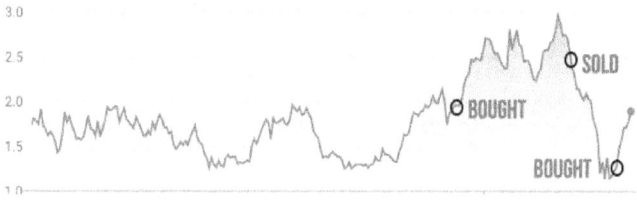

Tandem Diabetes Sorg (TNDM)

Tandem, 'n klein gesondheidsorgmaatskappy wat gefokus is op die ontwikkeling van diabetesbehandelings, het gedurende 2018 en 2019 'n massiewe oplewing ondergaan. Die aandeel het binne net meer as 'n jaar van 50 sent tot byna $ 50, 'n sprong van 1000%, gegaan. Ek het van die maatskappy gehou en ek wou ingaan op die hype rondom dit, so ek het 'n posisie op $ 45 gevestig. Twee maande later het dit niks anders as val gedoen nie en ek het my hele posisie teen $33 verkoop. Tandem het my ergste verlies tot nog toe geword. Beide die koop en die verkoop is emosioneel en sonder navorsing gedoen, iets wat ambagte altyd laat misluk. Na my verkoop het die maatskappy tot $ 70 geklim en kort daarna $ 80 geslaag. Onthou, intelligente handel word sonder emosie gedoen en eerder met noukeurige navorsing.

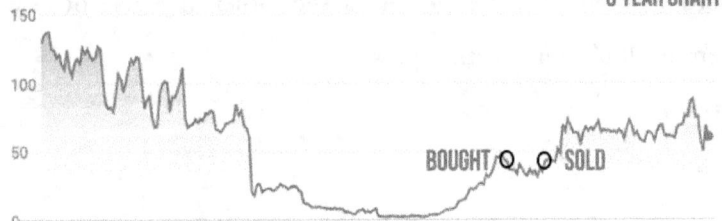

Netflix (NFLX)

Netflix, die stromingsmedia- en inhoudproduksiemaatskappy wat die gesig van die vermaaklikheidsbedryf verander het, het gedurende die vroeë 2010's jare se oorheersing en vrye heerskappy in die stromingsbedryf geniet. Destyds het ek hard gewerk en was gereed vir my eerste multi-duisend dollar handel. Met behulp van konsepte wat in *One Up On Wall Street* geïllustreer word, moes ek net om my kyk om 'n potensiële belegging te identifiseer. Ek hoef nie ver te soek om te sien dat Netflix 'n huishoudelike stapelvoedsel word nie en dat dit treffer na treffer vrystel, insluitend die onlangs vrygestelde *Stranger Things*. My gesin het die platform begin gebruik om films te kyk en navorsing het my siening van Netflix as 'n maatskappy met groot potensiaal en sterk grondbeginsels ondersteun. Op grond hiervan het ek by $ 180 en weer by $ 190 ingekoop. Ek het 'n jaar en 'n half later uit my posisie begin handel dryf, onderskeidelik teen $ 323 en $ 363. Hierdie ryk beloning in so 'n kort tydjie is die gevolg van die verhandeling van wat ek geweet het. Die gebruik van wat rondom jou is, of dit nou 'n nuwe trending-produk of 'n kitskosketting is waaroor almal praat, is 'n goeie manier om potensieel winsgewende beleggings te vind.

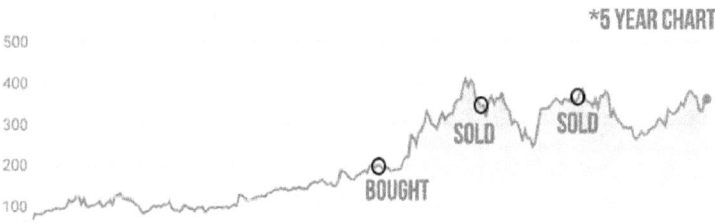

Bewyspunt (PFPT)

Proofpoint was 'n voorbeeld van 'n lui handel, gemaak op grond van nuus en nie navorsing nie. Toe ek dit gekoop het, het ek 'n goeie nuus daaroor op 'n beleggingsprogram gehoor en die voorkoms van die maatskappy het my aangespreek. Met geen navorsing en geen strategie nie, het ek dit teen $ 118 gekoop. Ek het gekry wat ek verdien het, en hoewel ek daarin geslaag het om voor die ineenstorting tot $ 80 te verkoop, het ek 'n verlies van 20% (dit was voor my 10% stopverliesreël) in net meer as 'n maand op 'n aandeel wat ek nie in die eerste plek moes gekoop het nie. Onthou, doen altyd jou huiswerk en vind verskeie kyke voordat jy handel dryf op grond van nuus. As 'n tweede les sal die hou van 'n belegging waarop jy af is (in 'n bulmark) waarskynlik verliese uitwis as dit lank genoeg gehou word.

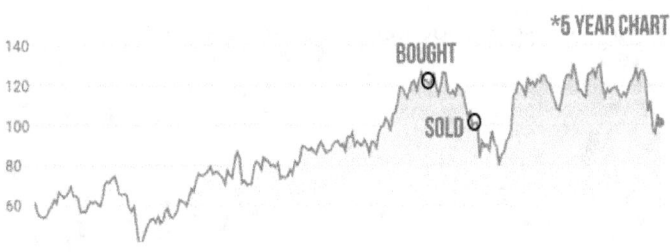

Neem-twee interaktief (TTWO)

Take-Two Interactive is 'n videospeletjiemaatskappy wat verantwoordelik is vir groot treffers, waaronder Grand Theft Auto, NBA 2k, WWE 2k, Civilization, Red Dead Redemption, Borderlands en Bioshock. In Februarie 2020 het Take-Two Interactive verdienste gerapporteer wat meer as 'n afname van 10% in die aandeelprys veroorsaak het. TTWO het 'n lang rekord om leiding te klop en verwagtinge te verpletter, dus toe die kwartaallikse verdienste slegs aan verwagtinge voldoen, in plaas daarvan om dit te oortref, het die aandeel gedaal. Die prestasie was deels te wyte aan 'n mislukte spelbekendstelling en die nuus dat NBA 2k nie 'n rekordjaar sou hê nie, twee faktore wat nie die langtermynpotensiaal sou beïnvloed nie. Die leierskapspan by Take-Two Interactive het eienaarskap van die kwessies geneem en belowe om te verbeter. Dit is 'n voorbeeld van 'n beskadigde voorraad in plaas van 'n beskadigde onderneming. Aangesien die COVD-19-pandemie byna onmiddellik na die aankoop van hierdie aandeel 'n ineenstorting op die aandelemark veroorsaak het en die hele mark gesleep het, is dit ook 'n voorbeeld van hoe tydsberekening 'n handel kan maak of breek, of die handel andersins suksesvol sou gewees het. Aangesien ek nog nie 10% op my belegging was nie, sou ek normaalweg verkoop het, maar in hierdie geval het ek nie verkoop nie

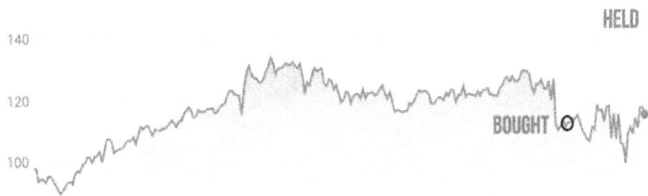

na die reël "koop beskadigde aandele, nie beskadigde maatskappye nie". Op grond hiervan hou ek steeds die voorraad (opdatering van 2021: ek het sedertdien teen 'n wins van 60% verkoop).

2de uitgawe-opdatering

Dit is 'n opdatering van Junie 2021, meer as 1 jaar nadat hierdie boek oorspronklik gepubliseer is. Dit was 'n mal jaar (Covid!) en, ten minste in die mark, 'n ongelooflike een. Hier is my grootste wenners en grootste verloorders sedert die 1ste uitgawe:

Wenners

- Tesla (Tesla): 500% gay
- CGE Energy (CGEI): 140% wins
- Planeet 13 (PLNF): 106% wins
- Ford (F): 75% wins

Verloorders

- Die Lion Electric Company (LEV): verlies van 43%
- Coinbase (COIN): 29% verlies
- CytoDyn (CYDY): 19% verlies

Alan, 2021

3de uitgawe-opdatering

Dit is 'n opdatering van die derde uitgawe van die boek aan die einde van 2022. Ek sal hierdie ruimte gebruik om kennis te neem van die belangrikheid van makro-ekonomiese kennis; vanjaar is gekenmerk deur politieke en ekonomiese wisselvalligheid wat wissel van ongebreidelde inflasie en oorlog in Oekraïne tot Covid-onrus in China en ongekende verskuiwings in die energiemark. Meer as ooit word die aandelemark en alle beleggingsmarkte deur wêreldgebeure geraak. As belegger kan dit u dien - doen moeite om uself op te voed oor die wêreld in die algemeen en die makro-ekonomiese, politieke en sosiale omgewings aan die voorpunt van u gedagtes te hou wanneer u langtermynbeleggingsbesluite neem.

Soos altyd - jy het dit gekry.

Alan, 2022

Van die kenners

As deel van die werklike afdeling sal ons die wysheid van die wêreld se topbeleggers ondersoek. Onthou, leer is die beste ding wat u kan doen om toekomstige sukses te verseker, veral op die aandelemark. As u van die beste leer, sal u 'n slim en beter belegger maak. Neem 'n bietjie tyd om patrone in die filosofieë te soek terwyl jy lees.

Warren Buffet

- *"Die beste belegging wat jy kan maak, is 'n belegging in jouself. Hoe meer jy leer, hoe meer verdien jy."*
- *"Wees bang wanneer ander gulsig en gulsig is wanneer ander bang is."*
- *"Ons gunsteling-houtydperk is vir altyd."*

Beleggingsfilosofie: Warren Buffett, wat algemeen beskou word as die suksesvolste belegger van alle tye, preek om in waarde te belê en vir lang tydperke te hou of totdat die aandeelprys die ware waarde van 'n maatskappy weerspieël. Buffet se maatskappy, Berkshire Hathaway, bestuur tans honderde miljarde dollars en het gemiddeld 'n opbrengs van 20% sedert 1965.

Prettige feit : Warren Buffet beskryf Benjamin Graham se boek *The Intelligente belegger* as "verreweg die beste boek oor belegging wat ooit geskryf is."

Benjamin Graham

- *"Die intelligente belegger is 'n realis wat aan optimiste verkoop en by pessimiste koop."*
- *"Om te belê gaan nie daaroor om ander by hul spel te klop nie. Dit gaan daaroor om jouself by jou spel te beheer."*
- *"Suksesvolle belegging gaan oor die bestuur van risiko, om dit nie te vermy nie."*

Beleggingsfilosofie: Sedert Benjamin Graham Warren gementor het Buffet, die paar het 'n baie soortgelyke filosofie. Graham se handelsfilosofie word nou die Benjamin-metode genoem en is gebaseer op waardebelegging. Trouens, Graham word gekrediteer as die peetvader van waardebelegging en het dit gedurende die vroeë 1930's gewild gemaak. Gedurende sy professionele handelsloopbaan het Graham gemiddeld 'n opbrengs van meer as 20% behaal, terwyl die mark gemiddeld 12% was.

Prettige feit : Benjamin Graham het Warren Buffet persoonlik geleer terwyl Buffet aan die Columbia Universiteit studeer het. Graham het Buffet so beïnvloed dat Warren Buffet se eerste seun Howard Graham Buffet heet.

Seth Klarman

- *"Die grootste enkele voorsprong wat 'n belegger kan hê, is 'n langtermynoriëntasie."*
- *"Belegging is die oriëntasie van ekonomie en sielkunde."*
- *"Die aandelemark is die verhaal van siklusse en van die menslike gedrag wat verantwoordelik is vir oorreaksies in beide rigtings."*

Beleggingsfilosofie: Seth Klarman is 'n waardebelegger wat fokus op risiko, of die gebrek daaraan. Hy plaas risiko-ontleding aan die voorpunt van sy strategie en belê nie sonder volle sekerheid dat 'n totale verlies nie sal plaasvind nie. Tans het Klarman 'n netto waarde van $ 1.5 miljard.

Prettige feit : 'n Boek uit druk geskryf deur Seth Klarman genaamd *Margin Of Safety* was so gesog dat gebruikte kopieë een keer vir $ 2,500 verkoop is. Toe, in 2018, is dit beskikbaar gestel in Amazon se Kindle-winkel vir $ 9.99.

Sir John Templeton

- *"Die 4 gevaarlikste woorde om te belê is "Hierdie keer is dit anders."*
- *"Bulmarkte word gebore op pessimisme, groei op skeptisisme, word volwasse op optimisme en sterf op euforie."*
- *"Die tyd van maksimum pessimisme is die beste tyd om te koop, en die tyd van maksimum optimisme is die beste tyd om te verkoop."*

Beleggingsfilosofie: John Templeton het die eenvoudige beleggingstrategie van "koop laag, verkoop hoog" gevolg. Hy het waardebelegging herontdek deur dit "tot 'n uiterste te neem, nasies, nywerhede en maatskappye te kies wat rockbottom tref, wat hy 'punte van maksimum pessimisme' genoem het." Hierdie strategie het hom 'n legende gemaak en hom die titel "waarskynlik die grootste wêreldwye aandeleplukker van die eeu" deur *Money* Magazine besorg. Teen 1992 het Templeton se fonds meer as $ 13 miljard se bates gehad, gelykstaande aan $ 24,4 miljard in vandag se waarde.

Prettige feit : Toe die Tweede Wêreldoorlog in 1939 uitbreek, het Templeton geld geleen en meer as 100 maatskappye gekoop, waarvan 34 bankrot was. Die gevolg? 'N Geskatte opbrengs van 400% binne 5 jaar.

Thomas Rowe Price, Jr.

- *"Verandering is die belegger se enigste sekerheid."*
- *"As jy halfwaaksaam bly, kan jy die skouspelagtige kunstenaars reg uit jou besigheidsplek of uit die buurt se winkelsentrum kies, en lank voordat Wall Street hulle ontdek."*
- *"Niemand kan 3 jaar vooruit sien nie, wat nog te sê 5 of 10. Kompetisie, nuwe uitvindings – allerhande dinge – kan die situasie binne 12 maande verander."*

Beleggingsfilosofie: T. Rowe Price het bekendheid verwerf vir sy "Growth Stock Investing Philosophy" van belegging. Hy het opkomende maatskappye in vroeë groeistadiums gekoop, wat dit 'n standaardpraktyk maak om 'n onderhoud met 'n maatskappy se bestuur te voer voordat hy koop.

Prettige feit: Voordat hy 'n belegger geword het, sou Thomas Rowe Price, Jr., 'n chemikus word.

Bill Ackman

- *"Om suksesvol te wees, moet jy seker maak dat om verwerp te word glad nie vir jou saak maak nie."*
- *"Belegging is 'n besigheid waar jy lank baie dom kan lyk totdat jy reg bewys is."*
- *"Ervaring is om foute te maak en daaruit te leer."*

Beleggingsfilosofie: Bill Ackman het, anders as die ander beleggers op hierdie lys, 'n proaktiewe wending tot waardebelegging bygevoeg. Sodra hy maatskappye koop wat hy glo onderprys is, dring hy aan op verandering in die maatskappy. Hy kan dit doen omdat hy groot hoeveelhede voorraad koop totdat hy genoeg besit dat hy invloedryk en belangrik vir die maatskappy is. As gevolg hiervan het Ackman se portefeulje gemiddeld meer as 'n 30% wins gedurende 5 uit die afgelope 16 jaar behaal.

Prettige feite: Bill Ackman het die finansiële krisis in 2008 voorspel, 'n prestasie wat hom miljoene gespaar het en sy status as legendariese belegger begin het.

Bill Miller

- *"Sekerheid behoort aan wiskunde, nie aan markte nie."*
- *"Ons probeer maatskappye koop wat teen groot afslag tot intrinsieke waarde verhandel. Wat anders is, is dat ons daardie waarde sal soek waar ons kan."*
- *"As mense goed koop wat hulle nie ontleed het nie ... dit sal waarskynlik nie goed eindig nie."*

Beleggingsfilosofie: Bill Miller, beskou as 'n beleggingsgenie sowel as een van die beste onderlinge fondsbestuurders van alle tye, het 'n paar reëls wat hom in die groen hou. Hy probeer nie voorspel waarheen die mark gaan nie en soek eerder franchisewaarde. Hy soek oral nuwe idees en beleggings, maar hy handel nie gereeld nie. Die gevolg? Miller se firma, genaamd Miller Value Partners, het 'n netto opbrengs van 119.5% in 2019 behaal

Prettige feit : Gedurende die 2010's het Miller se firma eens 12% van Facebook, 8% van Amazon en byna 30% van Avon besit.

John Neff

- *"Ek wil nie baie goeie beleggings hê nie; Ek wil 'n paar uitstaandes hê."*
- *"Suksesvolle aandele sê nie vir jou wanneer om te verkoop nie. As jy lus is om te spog, is dit waarskynlik tyd om te verkoop."*
- *"Dit is nie altyd maklik om te doen wat nie gewild is nie, maar dit is waar jy jou geld maak. Koop aandele wat sleg lyk vir minder versigtige beleggers en hou aan totdat hul werklike waarde erken word."*

Beleggingsfilosofie: John Neff het 'n eenvoudige strategie gehad: hy glo in portefeuljekonsentrasie in teenstelling met diversifikasie en kies aandele met 'n lae P/E-verhouding in florerende bedrywe. Die fonds Neff het gemiddeld 'n opbrengs van byna 14% gedurende 30 jaar se belegging behaal.

Prettige feit : Neff het geglo dat die meeste mense 70% - 80% van hul bates in aandele moet belê, met die meeste van die geld in, soos hierbo genoem, goeie maatskappye met lae P/E-verhoudings.

Jesse Livermore

- *"Geld word gemaak deur te sit en nie handel te dryf nie."*
- *"Die goeie spekulante wag altyd en het geduld en wag vir die mark om hul oordeel te bevestig."*
- *"Mans (skrywersnota: en vroue) wat beide reg kan wees en styf kan sit, is ongewoon."*

Beleggingsfilosofie: Jesse Livermore, wat deur baie beskou word as die bekendste aandelehandelaar van alle tye, was 'n tendenshandelaar. Hy sou sterk en winsgewende aandele tydens bulmarkte koop en sou swak en verlore aandele tydens beermarkte kortwiek. Soos John Neff, neig Livermore na portefeuljekonsentrasie in teenstelling met diversifikasie. Hy het die beste van die beste gekoop en die slegste van die slegste gekort, ongeag die diversifikasie wat die strategie tot gevolg gehad het. As gevolg hiervan het Jesse Livermore (in vandag se ekwivalent) meer as $ 1 miljard verdien.

Prettige feit : Die boek *Reminiscences of a Stock Operator* deur Edwin Lefevre is 'n gefiksionaliseerde weergawe van Livermore se opkoms tot die aandeleverhandelingselite. Ten spyte daarvan dat dit in 1923 gepubliseer is, is die boek steeds in druk. Dit is een van die bekendste boeke oor aandeleverhandeling en in die woorde van William O'Neil (die stigter van Investor's Business Daily), "in my 45 jaar ondervinding in hierdie besigheid het ek net 10 of 12 boeke gevind wat van enige werklike waarde was - *Reminiscences* is een van hulle."

Peter Lynch

- *"Moet nooit belê in enige idee wat jy nie met 'n kryt kan illustreer nie."*
- *"Weet wat jy besit, en weet hoekom jy dit besit."*
- *"Jy hoef nie 'n vuurpylwetenskaplike te wees nie. Belegging is nie 'n speletjie waar die ou met 160 IK die man met 130 IK klop nie."*

Beleggingsfilosofie: Peter Lynch, 'n beleggingslegende en skrywer van 'n boek wat sy verkope in miljoene meet, het 'n unieke stel oortuigings rakende aandeleverhandeling. Hy glo dat die individuele belegger 'n voordeel bo professionele handelaars het omdat die individuele belegger die vermoë het om vinnig op te tree, nie op wettige wyse teruggehou word nie en sogenaamde "plaaslike kennis" het. Die konsep van "Handel wat jy weet", soos voorheen in hierdie boek genoem, is grootliks gebaseer op Lynch se konsepte. Gedurende sy tyd as hoof van Fidelity Magellan het hy gemiddeld 'n opbrengs van 29.2% behaal en die firma se bates in 13 jaar van $ 20 miljoen tot $ 14 miljard gegroei.

Prettige feit : Lynch se beste belegging kom uit interaksie met maatskappye voordat die maatskappye goeie aandele geword het. Lynch was byvoorbeeld een keer op reis na Kalifornië toe hy toevallig 'n baie goeie burrito geëet het. As gevolg hiervan het hy miljoene verdien om in Taco Bell te belê. Sedert sy aftrede het Lynch gefokus op humanitêre dade, wat hulle as 'n ander vorm van belegging beskou. U kan sy liefdadigheidsorganisasie op thelynchfoundation.com besoek.

John C. "Jack" Bogle

- *"Leer elke dag, maar veral uit die ervaring van ander. Dis goedkoper!"*
- *"Tyd is jou vriend; impuls is jou vyand."*
- *"As jy sukkel om 'n verlies van 20% in die aandelemark voor te stel, behoort jy nie in aandele te wees nie."*

Beleggingsfilosofie: Jack Bogle, stigter van die Vanguard Group Inc., het 8 reëls uiteengesit wat sy beleggingsfilosofie opsom in sy boek *Common Sense on Mutual Funds: New Imperatives for the Intelligent Investor*:

1. Kies laekostefondse
2. Oorweeg die bykomende koste van advies noukeurig
3. Moenie vorige fondsprestasie oorskat nie
4. Gebruik vorige prestasie as 'n instrument om risiko te bepaal
5. Pasop vir sterre (sterre wat onderlinge fondsbestuurders beteken)
6. Pasop vir bategrootte (groot fondse)
7. Besit slegs 'n paar fondse
8. Koop en hou

Prettige feit : Sy beleggingsbestuursonderneming, genaamd The Vanguard Group, het vanaf 5.6 $ 2019 triljoen se bates. Ja, dit is $ 5,600,000,000,000 aan bates.

As dit jou interesseer, maak seker dat jy meer leer oor die fassinerende lewens van sommige van die grootste handelaars in die geskiedenis. Neem nou 'n oomblik om 'n persoon neer te skryf wat by jou vasgesteek het, 'n idee wat by jou vasgesteek het, of enigiets anders wat jy graag wil onthou:

Gevolgtrekking: Jy het dit gemaak!

Geluk. Jy het hierdie boek voltooi en om op 'n vroeë ouderdom aan hierdie inligting blootgestel te word, plaas jou in 'n baie sterk posisie. Jy het die geleentheid om meer geld te maak as waarvan jy of jou ouers ooit gedroom het solank jy die tyd insit en die werk insit. Gedurende hierdie boek is u bekendgestel aan geld verdien, geld bespaar, geletterdheid op die aandelemark, strategie op die aandelemark en die wysheid van die beste beleggers van alle tye. Alhoewel hierdie boek dalk eindig, begin jou reis as belegger net. Van nou af is dit aan jou.

Beste wense.

Deel VI: Hulpbronne

Hierdie afdeling bevat 'n databasis van die beste (nie almal van die beste nie; nuwe inligting word deurgaans vrygestel) voorraadverwante webwerwe, boeke, TV-reekse, YouTube-kanale en podcasts.

Webwerwe

- Investopedia.com
- Corporatefinanceinstitute.com
- Tradingview.com
- Stockrover.com
- Trendspider.com
- Metastock.com
- Yahoofinance.com
- stockchart.com
- Demotliphol.com
- Metastock.com
- Morningstar.com
- Bloomberg.com
- Alphavantage.com
- Thewallstreetjournal.com
- Seakingp.com
- Zachs.com

Boeke

Gaan jou biblioteek na voordat jy dit koop!

1. *One Up On Wall Street* deur Peter Lynch ('n Persoonlike gunsteling van my)

2. *Word versigtig ryk* deur Jim Cramer

3. *Mal geld: Kyk TV, word ryk* deur Jim Cramer

4. *Bly lewenslank kwaad: word ryk, bly ryk (maak jou kinders nog ryker)* deur Jim Cramer

5. *Om terug te keer na Even* deur Jim Cramer

6. *Regte geld: Sane belê in 'n kranksinnige wêreld* deur Jim Cramer

7. *Confessions of a Street Addict* deur Jim Cramer (Hierdie boek is wonderlik sowel as insiggewend vanuit 'n narratiewe houding)

8. *Die beste beleggingsadvies wat ek ooit ontvang het: onskatbare wysheid van Warren Buffett, Jim Cramer en ander finansiële kundiges* deur Liz Claman

9. *Jy het vasgeskroef! Waarom Wall Street tenk en hoe jy kan floreer* deur
Jim Cramer
10. *Pit Bull: Lesse van Wall Street se kampioenhandelaar* deur Martin "Buzzy" Schwartz

11. *Die Daily Trading Coach: 101 lesse om jou eie handelsielkundige te word* deur Brett N. Steenbarger

12. *Hoe ek $ 2 miljoen op die aandelemark verdien het: die Darvas-stelsel vir winste op die aandelemark* deur Nicholas Darvas

13. *Tendens volg: Leer om miljoene in op- of afmarkte te maak* deur Michael W. Covel

14. *Die intelligente belegger: die definitiewe boek oor waardebelegging* deur
Benjamin Graham

15. *Herinneringe aan 'n voorraadoperateur* deur Edwin Lefèvre

16. *Die outomatiese miljoenêr* deur David Bach

17. *Die ryk kapper* deur David Chilton

18. *Die man wat die S&P geklop het: Belê saam met Bill Miller deur Janet Lowe*

19. *Rich Dad Poor Dad* ('n Klassieke boek wat meer as 32 miljoen eksemplare verkoop het)

20. *Wysheid van ryk pa, arm pa vir tieners: die geheime oor geld - wat u nie op skool leer nie!*

21. *Ryk pa arm pa: Wat die rykes hul kinders leer oor geld - Dat die armes en middelklas dit nie doen nie!*

22. *Rich Kid Smart Kid: Gee u kind 'n finansiële voorsprong*

23. *Ryk pa's verhoog jou finansiële IK: Word slimmer met jou geld*

24. *Ryk Pa se KONTANTVLOEI Kwadrant: Ryk Pa se Gids tot Finansiële Vryheid*

25. *Ryk pa arm pa: Wat die rykes hul kinders leer oor geld - Dat die armes en middelklas dit nie doen nie!*

26. *Ryk Pa se Gids tot Belegging: Waarin die rykes belê, dat die armes en middelklas dit nie doen nie!*

TV-programme

1. Mad Money™ van Jim Cramer (hierdie vertoning is ideaal vir 'n jonger gehoor omdat dit ietwat meer vermaaklik is as die ander op hierdie lys).

2. Jou geld™ van CNN

3. Squawk Box™ van CNBC

4. Geldsake™ *van RLTV*

YouTube-kanale

Finansiële onderwys -
https://www.youtube.com/financialeducation

Finansiële Onderwys 2
Hattapus://vv.youtube.com/channel/ukkamj9sakfuyaogaged
R

Aandelemark Belegging
Hatps://vv.youtube.com/channel/UC56luxfvzrp6d4skanpi_so
Q

E *HANDEL
youtube.com/etrade

Leer om youtube.com/learntoinvest te belê

The Monk Way - Video's op die aandelemark
youtube.com/themonkway

Potgooie

- Stapel Benjamins
- Belê soos die beste
- Geld vir die res van ons
- Geld vir die res van ons
- Belê insigte van Morningstar
- Die kollege-belegger
- Belê soos 'n baas
- InvestTalk
- Stapel Benjamins
- Praat rykdom podcast
- Die Beleggers Podcast
- Gesonde belegging
- Belê soos die beste
- Die Meb Faber Show
- Beste in rykdom podcast
- InPenny Voorraad
- So geld
- InvestED Podcast
- Ons bestudeer miljardêrs
- Die BiggerPockets Geld Podcast

Herverkoop van programme

- Langsaan
- Letgo
- OfferUp
- 5miles
- VarageSale
- Craigslist
- StockX • Bok
- Graal

www.ingramcontent.com/pod-product-compliance
Lightning Source LLC
LaVergne TN
LVHW012024060526
838201LV00061B/4455